KB252311

입시개념어 사전

입시개념어 사전

1판 1쇄 인쇄 2012년 6월 1일
1판 1쇄 발행 2012년 6월 15일

지은이 | 강남메가스터디 입시진학연구소
　　　　(박원규 · 장욱민 · 이유진)

발행인 | 김재호
편집인 | 이재호
출판팀장 | 안영배

편집장 | 이기숙
아트디렉터 | 윤상석
디자인 | 박은경
마케팅 | 이정훈 · 정택구 · 박수진
교정 | 황금희
인쇄 | 중앙문화인쇄

펴낸곳 | 동아일보사
등록 | 1968.11.9(1-75)
주소 | 서울시 서대문구 충정로3가 139번지(120-715)
마케팅 | 02-361-1030~3 팩스 02-361-1041
편집 | 02-361-0992 팩스 02-361-0979
홈페이지 | http://books.donga.com

ISBN 978-89-7090-901-1 13370
값 13,000원

대입 성공 전략이 한눈에 들어온다

입시개념어 사전

강남메가스터디 입시진학연구소 지음

동아일보사

대입 성공의 절반은
복잡한 입시개념 이해하기

최근 신문기사에 의하면 서울 상위권 대학의 입시담당 교수가 대입 전형이 너무 복잡하고 자주 바뀌어서 정작 자녀의 대입을 어떻게 준비해야 할지 모르겠다고 한숨을 내쉬었다고 한다. 그런가 하면 고3딸을 둔 고교교사는 어려운 입시용어를 개탄하는 글을 기고했는데 그 글의 말미에 "고3 딸에게 '네가 잘 알아서 하라'고 말할 수밖에 없는 현실이 답답할 뿐이다."라고 토로했다. 입시에 있어 전문가라는 입시담당 교수와 준전문가라는 일선 고교 교사가 입시를 바라보는 입장이 이럴진대 보통의 수험생과 학부모들이 현재의 입시에 대해 느끼는 부담은 훨씬 심각할 것이다.

현재 우리나라 대학입시는 2000개가 넘는 전형 개수, 복잡한 전형 내용으로 인해 입시전문가조차 어려워하는 실정이다. 입시용어 또한 난해하다 보니 대학입시에 대한 각종 신문기사를 탐독하고 입시설명회에 참석해서 경청해 봐도 쉽게 이해가 되지 않는다.

이런 현실에서 처음 입시를 접하는 수험생의 입장에서는 수험준비 자체가 엄청난 부담으로 다가올 수밖에 없다. 한 번의 도전으로 끝내는 것이 가장 바람직한 입시의 특성상 수험생이 매년 입시를 반복 경험해서 입시지식을 숙달할 수도 없는 노릇이다.

따라서 수험생과 학부모 대부분은 입시에 대한 이해를 회피하게 되고 마치 주식투자에서 '묻지마 투자'와 같이 '묻지마 지원'을 남발하게 된다.

현재의 입시는 과거의 입시처럼 단순히 시험 성적만 좋다고 합격의 영광을 누릴 수 있는 형태가 아니다. 수시나 정시 모두 한 전형요소만 반영해서 선발하는 경우는 거의 없고 학생부, 대학별고사, 서류, 면접, 수능 성적 등을 전형별로 조합해 신입생을 선발하는 것이 일반적이다. 따라서 복잡한 전형에 대한 이해와 준비는 입시의 필수요소가 되어버렸다. 이런 상황에서 입시에 대한 기본지식과 이해 없이 단순하게 언어, 수리, 외국어 공부만 한다는 것은 전략적인 수험준비가 될 수 없다고 생각한다.

이 책은 이와 같이 어려운 입시 상황에서 수험생과 학부모가 입시의 본질을 쉽게 파악할 수 있도록 돕자는 의도에서 기획, 집필되었다. 복잡한 사안에 대한 본질을 쉽게 파악하기 위해서는 그 사안을 구성하는 용어에 대한 개념 이해가 중요하다. 현재 여러 입시기관에서 대학입시용어에 대한 자료를 제공하고 있으나 단순한 용어 정의 수준에 머물러 있어 오히려 혼란만 가중되고 있다.

〈입시개념어사전〉은 입시용어에 대한 개념학습을 통해 입시를 쉽게 이해할 수 있도록 사전 형식으로 구성했다. 대학입시 관련 필수용어를 선별해, 총체적으로 이해할 수 있도록 입체적인 분석과 함께 쉽고 정확한 설명에 공을 들였다. 특히 해당 용어들과 관련해서 입시 현장에서 자주 제기되는 질문들을 답변과 같이 제시해 명쾌한 이해를 돕고자 했다. 여기에 입시상식과 실제 사례를 바탕으로 재구성한 케이스 스터디를 덧붙였다. 이는 입시용어에 대한 개념 이해를 넘어 실제 대학입시 지원 시 창의적으로 응용할 수 있도록 한 것이다.

수험생이 이 책을 통해 복잡하고 난해한 입시체계를 쉽게 이해하고 실제 입시에서 원하는 대학과 학과에 진학하는 데 도움이 된다면 더 이상 바랄 것이 없겠다. 끝으로 이 책이 나오기까지 격려를 보내주신 모든 분에게 깊은 감사의 마음을 전한다. 특히 메가스터디 손주은 대표님, 학원사업부 고지수 전무님, 강남학원 신현대 원장님 그리고 우리 메가스터디 직원들에게 존경의 마음을 전한다. "늘 감사합니다, 여러분."

입시라는 비바람 앞에
든든한 우산 챙기시길···

　　'위대한 경쟁'일수록 타인과의 싸움보다는 자신과의 싸움이 중요합니다. 아무리 남보다 앞선다 하더라도 전보다 못하면 아무런 성취감을 느낄 수 없을 것입니다. '전보다' 잘하려고 노력합시다. 우리의 노력은 보다 나은 자신을 만드는 원동력이 될 것입니다.

　　현행 입시는 매우 복잡해 입시를 처음 치르는 수험생이나 학부모에게는 생소한 입시용어 자체부터 엄청난 부담으로 느껴질 것입니다. 그럼에도 불구하고 입시라는 비바람을 아무런 채비 없이 맞이하고 있는 것이 또한 현실입니다. 특히 올해 2013학년도 입시는 제도 변화의 영항으로 그 경쟁이 내우 치열해질 것으로 예상됩니다. 수시합격자 정시 지원 불가, 수시 지원횟수 제한, 자연계 모집인원 증가, 입학사정관전형의 확대 등 입시제도가 다양하게 변화하고 있습니다. 거기에 수능의 중요성 또한 지속될 것입니다. 우리는 이에 대한 대응책을 마련해야 합니다.

　　비는 예고 없이 오기도 하고, 먹구름을 드리워 조짐을 보이기도 합니다. 그때마다 즉각 대응하지 않으면 낭패를 보기 쉽습니다. 다만 크고 튼튼한 우산을 준비하는 자만이 비를 피해갈 수 있을 뿐입니다.

이 책은 입시라는 비바람 앞에 선 여러분에게 든든한 우산이 되어줄 것입니다. 복잡하고 난해하기까지 한 입시 상황에서 수험생과 학부모가 입시의 본질을 쉽게 파악해 원하는 결과를 얻을 수 있도록 도와주는 믿음직한 가이드가 될 것이기 때문입니다. 여러분 모두가 포기하지 않고 자신을 믿는 마음으로 도전해 맑게 갠 쾌청한 하늘을 맞이하시기 바랍니다.

손주은 메가스터디 대표

step 1 입시구조 이해하기

step 2 수능 분석하기

step 5 지원전략 세우기

CASE STUDY 성공사례와 실패사례에서 배우는 입시지원전략

입시개념어 사전, 이렇게 사용하세요!

1. 수험생과 학부모라면 꼭 알아야 할 입시개념어 66개를 체계적으로
이해할 수 있도록 총론(입시구조)에서 각론 순으로 배열했습니다.

2. 개념어에 대한 정확한 이해를 위해 각각의 축약어,
별칭, 유사어, 상대어 등을 설명에 앞서 제시했습니다.

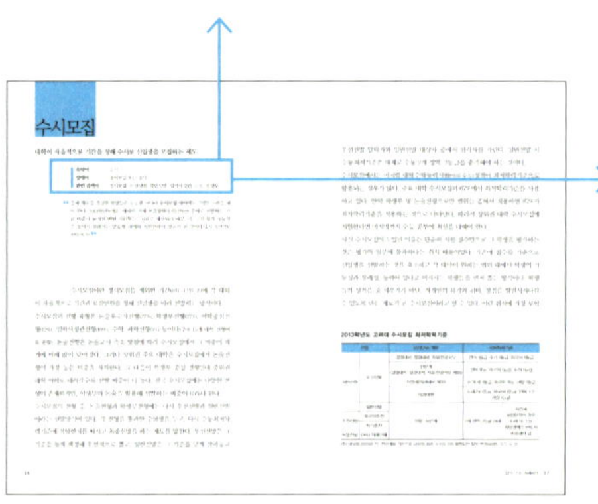

3. 관련 검색어를 통해
개념어와 밀접한
관련이 있는
다른 개념어를 제시해
이해도를 높였습니다.

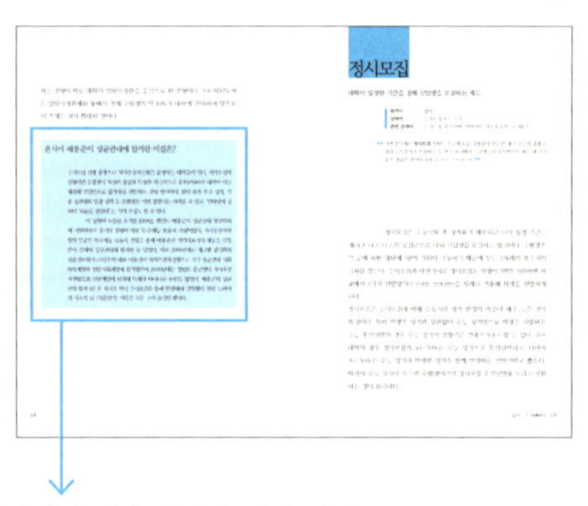

4. 각 개념어에 대한 상세한 설명 외에
별도의 박스에 부가 설명을 넣어
이해의 폭을 넓혔습니다.

5. 개념어 설명 전에 신문기사, 학교생활기록부, 대학전형요강 등에
자주 사용되는 실례를 발췌해 그 출처를 밝히고 실었습니다.

▶ 신문기사

▶ 학교생활기록부

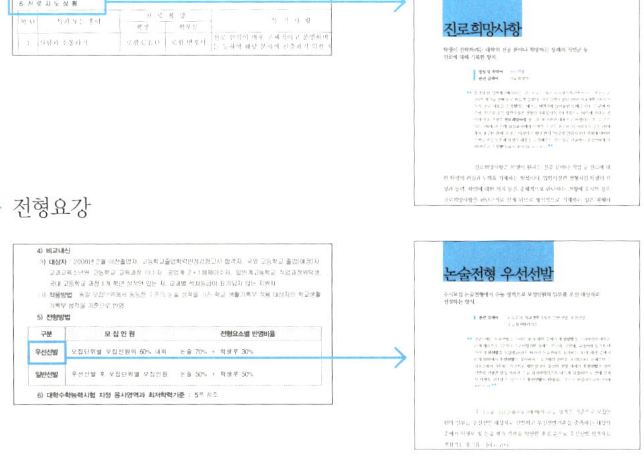

▶ 전형요강

6. 책 속 부록으로 케이스 스터디를 수록해 개념어에 대한 이해를 심화하고,
다양한 케이스를 통해 실제 대학입시를 준비하거나 지원하는 과정에서
직접 응용해볼 수 있도록 했습니다.

입시구조 이해하기

이제 막 입시 전선에 발을 내디딘 수험생과 학부모들에게
가장 먼저 필요한 것은 입시 구조에 대한 정확한 이해.
무엇이든 기본기가 중요하나.
현재 우리나라 입시구조를 한눈에 읽는 개념어 11.

수시모집 _ 정시모집 _ 추가모집 _ 분할모집 _ 모집단위
일반전형 _ 특별전형 _ 정원 외 특별전형
일괄합산전형 _ 단계별전형 _ 혼합전형

수시모집

대학이 자율적으로 기간을 정해 수시로 신입생을 모집하는 제도.

축약어	수시
상대어	정시모집 또는 정시
관련 검색어	정시모집, 우선선발, 일반선발, 입학사정관, 논술, 학생부

> 올해 재수를 결심한 학생들은 수능뿐 아니라 **수시모집** 대비에도 각별한 노력을 해야 한다. 2013학년도에는 대학의 전체 모집정원의 62.9%를 **수시**로 선발하는 만큼 비중이 높아진 반면 지원횟수는 6회로 제한되기 때문. 즉, 수시 합격 가능성을 높이기 위해서는 맞춤형 대비와 지원전략이 필수가 된 것이다.(출처-동아일보 2012.01.31)

수시모집이란 정시모집을 제외한 기간(8월~12월 초)에 각 대학이 자율적으로 기간과 모집인원을 정해 신입생을 미리 선발하는 방식이다. 수시모집의 전형 유형은 논술전형(37%), 학생부전형(27%), 어학중심전형(12%), 입학사정관전형(10%), 수학·과학전형(5%) 등이다(주요 15개 대학 전형 비율 종합). 논술전형은 논술고사 축소 방침에 따라 수시모집에서 그 비중이 과거에 비해 많이 낮아졌다. 그러나 상위권 주요 대학은 수시모집에서 논술전형이 가장 높은 비중을 차지한다. 그 다음이 학생부전형인데 중위권 대학 이하로 내려갈수록 선발 비중이 더 높다. 결국 수시모집에는 다양한 전형이 존재하지만, 학생부와 논술을 활용해 선발하는 비중이 65%나 된다.

수시모집의 전형 중, 논술전형과 학생부전형에는 다시 우선선발과 일반선발이라는 선발방식이 있다. 각 전형을 통과한 수험생을 두고, 다시 수능최저학력기준에 적합한지를 따지고 최종선발을 하는 제도를 말한다. 우선선발은 그 기준을 높게 책정해 우선적으로 뽑고, 일반선발은 그 기준을 낮게 잡아놓고 우선선발 탈락자와 일반선발 대상자 중에서 합격자를 가린다. 일반선발 시 수능최저기준은 대체로 수능 2개 영역 2등급을 충족해야 하는 것이다.

수시모집에서는 이처럼 대학수학능력시험(이하 수능) 성적이 최저학력기준으로 활용되는 경우가 많다. 주요 대학 수시모집의 67%에서 최저학력기준을 사용하고 있다. 만약 학생부 및 논술전형으로만 범위를 좁혀서 적용하면 87%가 최저학력기준을 적용하는 것으로 나타난다. 따라서 상위권 대학 수시모집에 지원한다면 마지막까지 수능 공부에 최선을 다해야 한다.

사실 수시모집이 도입된 이유는 단순히 시험 점수만으로 그 학생을 평가하는 것은 평가의 일부에 불과하다는 취지 때문이었다. 기존에 점수를 기준으로 신입생을 선발하는 것을 축소하고 각 대학이 원하는 범위 내에서 학생의 가능성과 장래성, 능력이 있다고 여겨지는 학생들을 먼저 뽑는 방식이다. 학생들의 성적을 줄 세우기가 아닌, 개개인의 특기와 취미, 장점을 발전시켜나갈 수 있도록 만든 제도가 곧 수시모집이라고 할 수 있다. 이런 취지에 가장 부합

2013학년도 고려대 수시모집 최저학력기준

전형		모집단위 계열	최저학력기준
일반전형	우선선발	경영대학, 정경대학, 자유전공학부	언어 1등급, 수리 1등급, 외국어 1등급
		인문계 (경영대학, 정경대학, 자유전공학부 제외)	언어 또는 외국어 1등급, 수리 1등급
		자연계(의과대학 제외)	수리(가) 1등급, 외국어 또는 과탐 1등급
		의과대학	수리(가) 1등급, 외국어 1등급, 언어 또는 과탐 1등급
추천전형	일반선발	인문·자연계	2개 영역 2등급 이내 자연계 모집단위의 경우 수리(가) 또는 과탐영역을 반드시 포함해야 함
	학교장추천		
	자기추천		
특별전형	OKU 미래인재		

(주) 대학의 2013학년도 전형계획 기준으로 대학의 최종 수시요강이 확정되면 일부 변경사항이 있을 수 있음.

하는 전형이 바로 대학의 입학사정관을 중심으로 한 전형이다. 2013학년도에는 입학사정관제를 통해서 전체 수험생의 약 10%가 대학에 진학하며 앞으로 이 추세는 점차 확대될 것이다.

욘사마 배용준이 성균관대에 합격한 비결은?

수시모집 전형 유형으로 자기추천자전형을 운영하는 대학들이 있다. 자기추천자전형이란 수험생이 자신의 장점과 특성을 적극적으로 홍보(PR)하면 대학이 이를 채점해 면접만으로 합격자를 선발하는 전형 방식이다. 토익·토플 우수 성적, 각종 경진대회 입상 경력 등 수험생은 어떤 장점이든 내세울 수 있고 '인터넷에 강하다' '토론을 잘한다' 는 식의 주장도 할 수 있다.

이 전형이 도입된 초기인 1999년, 탤런트 배용준이 성균관대 영상학과에 지원하면서 응시한 전형이 바로 '특수재능 보유자 전형'이었다. 자기추천자전형의 일종인 특수재능 보유자 전형을 통해 배용준은 연기자로서의 재능을 인정받아 27세에 성균관대에 합격할 수 있었다. 이후 2000년에는 개그맨 김미화와 결혼정보회사 ㈜선우의 대표 이웅진이 자기추천자전형으로 각각 성균관대 사회과학계열과 인문사회계열에 합격했으며 2006년에는 탤런트 문근영이 자기추천자전형으로 인문계열에 합격해 특혜가 아니냐는 논란도 많았다. 배용준의 성균관대 합격 1년 후 최지우 역시 수시모집을 통해 한양대에 진학했다. 한류 드라마의 시초가 된 〈겨울연가〉 커플은 모두 수시 출신인 셈이다.

정시모집

대학이 일정한 기간을 정해 신입생을 모집하는 제도.

축약어	정시
상대어	수시모집 또는 수시
관련 검색어	수시모집, 우선선발, 일반선발, 미등록충원, 추가합격

> 66 이번 입시에선 **정시모집** 인원이 축소돼 모집 경쟁률이 상승한 데다 수능이 쉽게 출제돼 고득점자가 속출하는 등 변수가 더해져 수험생들이 입시전략을 짜는 데 어려움을 겪었을 것이다.(출처–동아일보 2012.02.09) 99

　　　　정시모집은 수능시험 후 성적표가 배부되고 나서 일정 기간 3개(가군, 나군, 다군)의 모집군으로 나눠 신입생을 모집하는 방식이다. 수험생은 각 군에 속한 대학에 1번씩 지원이 가능하기 때문에 모두 3차례의 복수지원 기회를 갖는다. 수시모집과 마찬가지로 정시모집도 학생이 1번만 지원하면 학교에서 2가지 선발방식(우선선발, 일반선발)을 차례로 적용해 학생을 선발하게 된다.

정시모집은 수시모집에 비해 수능시험 성적 반영의 비중이 매우 높은 것이 특징이다. 특히 학생부 성적과 상관없이 수능 성적만으로 학생을 선발하는 수능 우선선발의 경우 수능 성적의 영향력은 절대적이라고 할 수 있다. 주요 대학의 경우 정시모집의 50~70%는 수능 성적으로 우선선발하고, 나머지 30~50%를 수능 성적과 학생부 성적을 함께 반영하는 일반선발로 뽑는다. 따라서 수능 성적이 우수한 수험생이라면 정시모집 우선선발을 노리고 지원하는 것이 유리하다.

정시모집 일반선발은 수능 성적과 학생부 성적을 함께 반영하는 것이 일반적이지만 최근 학생부 성적의 비중이 점차 낮아지는 추세에 있다. 정시모집의 학생부 반영비율이 낮은 성균관대의 경우, 내신 1등급과 2등급의 점수 차는 0.1점에 불과하다. 내신 1등급과 5등급의 학생부 환산점수 차이라고 해봐야 총점 기준으로 0.6점밖에 되지 않는다. 성균관대 정시 전형의 총점이 1000점임을 고려할 때 내신 5등급이라도 결코 불리하지 않은 응시자격을 갖게 되는 셈이다. 게다가 학생부 성적을 반영할 때도 전 과목의 성적을 산출하는 것이 아니라 우수 과목 위주로 선별해 성적을 산출하기 때문에 변별력은 더욱 낮을 수밖에 없다. 학생부 성적의 반영비율이 극히 낮은 것은 다른 대학들도 마찬가지이므로 정시모집에 지원하려면 내신보다는 수능 성적 향상에 집중하는 것이 효과적이다.

2013학년도 정시모집 일정

구분		일정
원서접수	가, 나, 가나군	2012. 12.21(금)~26(수)
	다, 가다, 나다, 가나다군	2012 .12.22(토)~27(목)
전형기간	'가'군	2013. 1. 2(수)~15(화)
	'나'군	2013. 1. 16(수)~25(금)
	'다'군	2013. 1. 26(토)~2. 4(월)
합격자 발표		2013. 2. 4(월)까지
등록기간		2013. 2. 5(화)~8(금)
미등록충원 합격 통보		2013. 2. 20(수)까지
미등록충원 등록 마감		2013. 2. 21(목)까지
추가모집 원서접수 및 전형		2013. 2. 22(금)~27(수)까지
추가모집 합격통보		2013. 2. 27(수)

(예시) 성균관대의 교과 성적 반영 점수

학생부 등급	1	2	3	4	5	6	7	8	9
인문·자연계 반영 총점	280	279.9	279.8	279.6	279.4	279.2	279	270	250
등급 간 반영 점수 차		0.1	0.1	0.2	0.2	0.2	0.2	9	20

상위권 대학의 인기 학과가 왜 '펑크' 날까?

정시모집 합격자는 복수합격 여부를 떠나 반드시 한 대학에만 등록해야 하며 이중등록을 하면 합격이 취소된다. 따라서 전체 합격자의 상당수를 차지하는 복수합격자들이 자신이 원하는 대학을 제외한 다른 대학의 등록을 포기하게 돼 상위권–중상위권–중하위권 대학 순으로 연쇄 미등록 사태와 합격자 연쇄 대이동이 일어나고 있다.

실제 서울대, 연세대, 고려대, 서강대, 중앙대의 합격자 명단을 토대로 한 입시기관에서 복수합격자를 조사한 결과에 따르면 연세대 정시모집 합격자의 50%, 고려대 합격자의 30%가량이 서울대에 복수합격한 것으로 나타났다. 서강대의 경우는 정시모집 합격자의 15%가 연세대, 30%는 고려대에 복수합격했으며 중앙대 합격자의 25%는 연세대와 고려대에 복수합격한 것으로 나타났다.

특히 상위권 대학 인기 학과일수록 복수합격률이 높은 것이 특징이다. 연세대의 경우 ▲사회계열 60% ▲공학계열 60% ▲인문계열 45% ▲이학계열 35%가 서울대에 복수합격한 것으로 나타났고, 고려대도 ▲정경학부 50% ▲수학교육 45% ▲경영대학 40% ▲의과대학 35%가 서울대에 복수합격한 것으로 조사됐다(이 수치는 추정치이며 매년 달라짐). 따라서 상위권대 인기 학과의 경우 서너 번의 추가합격 발표가 예상된다. 그럴 경우 실제 배치점수보다 낮은 성적대 학생이 합격할 가능성이 생기는 것이다.

사실 상위권대 인기 학과의 경우, 배치표상의 합격선보다 실제 합격선이 매년 낮게 형성되는 것을 본다. 상위권 성적대 학생이 미등록으로 빠져나가면서 추가합격자가 많이 생기고 있음을 알 수 있다. 이를 이용해 배짱 지원하는 수험생이 더러 있다. 최근에는 이런 사실이 널리 알려져 더 이상 상위권 학과에 대한 노림수가 통하지 않는다는 얘기도 있다.

추가모집

정시모집 전형이 종료된 이후에 결원이 발생한 대학(학과)에서 추가로 원서를 접수받아 모집인원을 선발하는 제도.

▌ **혼동어**　　추가합격

> ❝ 미등록충원이 끝나면 24일부터 29일까지 6일간 **추가모집**이 시작된다. **추가모집**은 수시모집에 합격하지 않았거나 **추가모집** 기간 전에 정시모집 등록을 포기한 자만 지원할 수 있다. 단 산업대 및 전문대 지원자는 정시모집 등록을 포기하지 않았더라도 **추가모집**에 지원할 수 있다. (출처–세계일보 2012.02.12) ❞

　　추가모집은 정시모집 전형이 종료(미등록충원 등록 최종마감일) 이후 입학정원을 충족시키지 못한 대학(학과)에서 다시 원서 접수를 통해 학생을 선발하는 제도를 말한다. 따라서 해당 학년도에 지원한 대학에서 모두 불합격한 경우에도 추가모집 기회를 잘 활용하면 4년제 대학에 다시 지원할 수 있다. 정시모집과 달리 추가모집은 '군'별 구분이 없고 지원횟수에도 제한

추가모집과 추가합격(충원합격)의 차이

추가모집이 정시모집 전형이 종료된 이후 모든 수험생을 대상으로 다시 모집 절차를 밟아 결원을 보충하는 것이라면 추가합격은 해당 대학 학과에 지원해 불합격한 예비 순위자 중에서 결원을 보충하는 것으로 충원합격이라고도 한다. 따라서 추가모집은 수험생이 능동적으로 추가모집하는 대학(학과)을 찾아 지원해야 하지만 추가합격은 지원한 학부나 학과에 결원이 생겨 자신의 순위가 합격선에 들 때에만 합격 소식을 들을 수 있다.

이 없다.

합격자가 등록을 하지 않거나 다른 대학 또는 학과로 이동해 결원이 발생할 경우에만 추가모집을 하기 때문에 추가모집을 하는 학교와 모집규모는 유동적이다. 각 대학의 추가모집 일정 및 모집규모, 입시정보 등 추가모집에 대한 자세한 정보는 '추가모집정보센터(http://www.chuga114.com/)'를 통해 얻을 수 있다.

분할모집

정시모집에서 한 대학이 모집군을 달리해 신입생을 나눠 모집하는 방식.

■ **관련 검색어**　　정시모집, 우선선발, 일반선발

66 최근 입시에서 가장 두드러진 특징 중 하나는 각 대학들이 **분할모집**을 확대하고, 모집군을 다양하게 이동하는 것이다.(출처-헤럴드경제 2010.05.04) 99

　　　　대학이 2개 이상의 모집군에서 신입생을 선발하는 방식을 분할모집이라고 한다. 즉, '가'군에만 속한 대학이면 모든 신입생을 '가'군에서만 선발한다는 뜻이고 '가'군과 '나'군, 또는 '가나다' 군 모두에 같은 대학이 속해 있으면 분할모집하는 대학이라는 뜻이다. 앞서 정시모집 편에서 게재한 '2013학년도 정시모집 일정' 도표상의 '가나' '가다' '나다' '가나다'군이 모두 분할모집을 뜻하는 용어다. 따라서 수험생은 모집군별로 각기 다른 대학 3곳에 복수지원할 수도 있지만 분할모집하는 대학의 경우 같은 대학 다른 모집군에 복수지원할 수도 있다.

분할모집 방식에는 학과별 분할모집과 인원별 분할모집이 있다. 학과별 분할모집이란 한 대학에서 학과별로 모집군을 달리하는 것이고 인원별 분할모집은 한 학과의 신입생을 각각 다른 모집군에서 선발하는 것이다. 예를 들어 경영학과와 의예과는 '가'군에서, 나머지 학과들은 '다'군에서 모집하는 방식이면 학과별 분할모집이 되고 의예과에서 신입생의 50%는 '가'군에서, 나머지

50%는 ‘나’군에서 모집하는 방식이면 인원별 분할모집이 된다.

이렇게 분할모집을 하는 경우, 같은 대학이라도 전형요소 반영비율에 차이가 있으므로 주의해야 한다. 가령, 한양대는 ‘가’군에서는 우선선발과 일반선발(학생부 성적 30% 반영)을 혼합해 뽑지만 ‘나’군에서는 100% 수능 성적만으로 선발한다. 따라서 학생부 성적이 좋지 않다면 한양대 ‘가’군 지원은 불리할 수 있다. 단국대도 인문·자연계열을 ‘나’군과 ‘다’군에서 분할모집하는데 ‘나’군에서는 100% 수능 성적만으로 선발하지만 ‘다’군에서는 수능 성적 70%, 학생부 성적 30%를 반영해 선발한다. 특히 단국대는 학생부 성적의 실질반영비율이 상당히 높아 당락을 결정하기 때문에 학생부가 불리하면 지원을 삼가야 한다.

일반적으로 ‘가’군과 ‘나’군에는 수험생들이 선호하는 대학이 주로 포진해 있는 데다 모집규모도 각각 54%와 38%로 비슷하지만 ‘다’군은 모집규모가 8%로 상대적으로 적은 편이다. ‘다’군은 이처럼 모집규모도 적은 데다 ‘가’군과 ‘나’군에 지원한 수험생이 복수지원하는 경우가 많기 때문에 경쟁률과 합격선이 예상보다 높아질 수 있다는 사실을 염두에 두어야 한다.

모집단위

학생 모집의 기초가 되는 단위로서 일반적으로 학부나 학과를 가리킴.

> 서울대의 학과별 경쟁률은 △경영대 3.02대 1 △사회과학계열 2.44대 1 △의예과 3.63대 1 △생명과학부 2.57대 1이다. 인문계 **모집단위**에서는 소비자아동학부가 5.54대 1, 윤리교육과가 5.77대 1로 하위권 학과의 경쟁률이 더 높았다.(출처-동아일보 2011.12.26)

모집단위란 대학에서 학생을 모집할 때 기초가 되는 단위로 계열, 학부, 학과 등을 가리킨다. 계열이 가장 큰 단위이고, 학부는 과거의 단과대학보다는 작고 학과보다는 큰 단위이며, 학과가 최소 모집단위가 된다.

과거에는 일괄적으로 학과 단위로 모집하는 방식이었으나 1990년대 후반부터 모집단위가 광역화되기 시작했다. 입학과 동시에 전공이 결정되는 학과 단위 모집방식보다는 계열별, 학부별로 학생을 모집해 보다 폭넓은 학습 기회를 가진 후 신중하게 전공을 선택하게 하기 위함이었다. 최근에는 다시 학과 단위 모집으로 회귀한 대학도 있지만 현행 입시제도에서 모집단위라고 하면 보통 학부나 학과를 두루 가리킨다고 보면 된다.

예를 들어 고려대는 학부 단위로 학생을 모집한다. 문과대학 내에 인문학부와 국제어문학부 등을 모집단위로 두고 학부별로 신입생을 선발한다. 2012학년 정시모집에는 인문학부에서 102명, 국제어문학부에서 130명을 선발했는데 이렇게 선발된 학생들은 2학년으로 올라가면서 인문학부는 국어국문,

철학, 한국사, 사학, 심리 등을 국제어문학부는 전공을 선택하게 된다. 반면 연세대는 학과 단위로 모집하고 있다. 문과대학 내의 국어국문학과, 철학과 등에서 학과별로 신입생을 선발한다.

합격의 히든 카드, 모집단위의 크기를 보라

모집단위를 단순히 학부나 학과별 선발 방식으로 생각하는 수험생이나 학부모가 대부분이다. 그러나 모집단위가 합격에 변수가 되기도 하므로 정시모집 지원 시 모집단위의 크기도 고려해야 한다.

모집정원이 100명인 A학부와 20명인 B학과의 사례를 살펴보자. 두 모집단위의 배치점수(통상 합격자의 상위 80%에 해당하는 점수)가 같다고 하더라도, A학부는 배치점수보다 낮은 점수로 합격할 수 있는 반면 B학과는 배치점수보다 낮은 점수로는 합격하기 어렵다는 사실이다. 이런 상황이 발생하는 것은 모집군과 경쟁률 등 다른 조건이 동일할 때 모집정원이 많은 단위는 적은 단위에 비해 지원자의 점수편차가 함께 커지는 경향을 보이기 때문이다. 다시 말해 100명을 선발하는 모집단위라면 지원자 가운데 1등부터 100등까지 선발해야 하므로 합격자 간 점수편차가 커질 가능성이 있지만, 20명을 선발하는 모집단위라면 점수편차가 크지 않아 그럴 가능성이 줄어든다는 뜻이다. 또한 모집단위의 크기가 클수록 결원에 의한 추가합격(충원합격)이 많이 발생하므로 배치점수보다 합격선이 낮아질 가능성이 더 높다. 그러므로 배치표에서 동일 점수대에 있는 모집단위라 해도 모집인원까지 깐깐하게 따져봐야 한다. 물론 경쟁률이 치솟아 해당 모집단위 지원자의 점수편차가 줄면 정반대의 상황이 발생할 가능성은 있다. 따라서 지원하려는 모집단위의 최근 2, 3년간의 경쟁률을 살펴 해당 학과의 선호도를 확인하고, 적정 또는 상향지원 시에는 원서 마감 직전까지 실시간 경쟁률을 주시하는 전략이 필요하다.

일반전형

특별한 자격기준을 정하지 않은 채 일반 학생을 대상으로 보편적 기준에 따라 선발하는 전형.

유사어	일반학생전형, 일반우수자전형
상대어	특별전형
관련 검색어	논술전형, 특별전형

> 66 한국외대는 **일반전형** 우선선발 비율은 수시모집에서 기존 50%에서 60%로, 정시 모집에서는 60%에서 70%로 높였다.(출처-중앙일보 2011.11.25) 99

일반전형은 보편적인 학생을 대상으로 선발하는 전형이다. 국가가 권장하는 일반적인 교육과정을 충실히 수행한 학생을 대상으로 수능 성적과 학생부, 논술 등을 종합적으로 고려해 선발하는 전형이다. 대학의 대표적인 학생선발 방식이며 가장 규모가 큰 전형이다. '일반전형'은 '특별전형'의 상대어로 특별한 자격기준을 설정하지 않은 일반 우수자를 대상으로 한 '일반학생전형'의 줄임말이다. 수시와 정시모집 모두 일반전형이 있다.

수시모집의 일반전형은 논술 중심 전형으로 보아도 무방하다. 주요 대학의 일반전형에서 논술 중심 전형이 차지하는 비중이 90%나 되기 때문이다. 최근 주요 대학은 일반전형이라는 명칭을 달고 대부분 논술시험을 통해 학생을 선발하고 있다. 과거에는 수시 일반전형에 학생부전형이나 면접전형이 포함되어 있었으나, 점차 특별전형의 입학사정관 중심 전형으로 옮겨가는 추세다. 그러므로 주요 대학의 수시 일반전형이라 함은 논술 중심 전형인 셈이다.

정시모집의 일반전형은 수능 중심 전형이라고 보면 된다. 일반전형 중에서 수

능 성적만으로 선발하는 비중이 전체 정시모집의 60%를 넘기 때문이다. 정
시의 일반전형은 통상 우선선발과 일반선발 방식으로 학생을 선발한다. 우
선선발은 일종의 옵션으로 수능 성적만으로 학생을 일정비율 우선 선발하는
것이다. 나머지는 일반선발로 옮겨져서 수능과 학생부 성적을 합산해 선발한
다. 그런데 최근에 수능 100% 전형이 생기면서 우선과 일반선발의 단계 없이
수능 성적 100%로만 모든 학생을 선발하기 시작했다. 결국 현재 정시모집에
서 수능 성적의 영향력은 절대적이라고 봐야 한다.

특별전형

특별한 자격기준을 갖춘 학생을 대상으로 선발하는 전형.

유사어	대학특별전형
상대어	일반전형
관련 검색어	일반전형, 입학사정관 전형, 자기소개서, 학업계획서, 정원 외 특별전형

> 66 건국대는 2013학년도 대입 수시모집 입학사정관전형에서 서울 광진구에 거주하는 기초생활수급자 등 저소득층 자녀를 위한 **특별전형**인 'KU기회균등전형'을 도입한다. 광진구와 건국대는 최근 구내에 거주하는 지역 우수인재를 선발·육성하고 대학과 지역사회와의 상생협력을 강화하기 위해 '광진 지역 인재 **특별전형** 협약'을 체결했다. 건국대는 이 협약에 따라 올해 입시부터 'KU기회균등전형'에 지원자격기준2를 신설해 정원 60명 중 5명을 광진구 거주 학생을 대상으로 선발한다.(출처─한겨레신문 2012.05.29) 99

특별전형은 수시모집이나 정시모집에서 특별한 자격기준을 갖춘 학생을 선발하는 방식이다. 사실상 대학별 독자 기준 전형을 말하는 것이다. 대학 독자적 기준에 의한 특별전형의 자격기준은 대학마다 다양하게 정하고 있으며, 보통 가장 일반적인 지원 자격은 다음과 같다.

종류 : 실업계 고교 출신자, 선·효행자, 수도자·교역자, 고령자(만학도), 소년·소녀가장, 국가(독립)유공자손, 생활보호대상자(자녀), 사회봉사자, 아동복지시설 입소자 및 출신자, 농어촌 출신, 가업 후계자, 선원 자녀, 특정 교과목 성적 우수자, (장기복무) 하사관 자녀, (장기근무)환경미화원 자녀, 직업경력자, 특수목적고 출신자, 정보화, 경시대회 입상자, 국제화 및 언어능력우수자(TOEFL, TOEIC, TEPS, DELF, H.S.K, JLPT, DELE 등), 개근자, (전업)주부, 학생임원 역임자, 자영업자, 내신 성적 우수자, 영농후계자, 연예인, 공무원 재직자 및 그 자녀, 자격증 소지자, 운동선수, 지역할당, 발명, 대학수료자, 해외학생, 수능 특정영역 우수자, 고교장 추천, 종교지도자 추천 등 (2012년 현재, 대교협 발표 내용)

이를 현행 입시 지원 구도에 따라 다시 분류하면, 재능 위주로 선발하는 특기자 중심 전형, 대학별로 학생의 특별한 경력이나 소질을 전형 기준으로 설정해 선발하는 대학 자체기준 전형, 사회통합배려 차원의 전형 등으로 묶을 수 있다.

먼저 '특기자 중심 전형'은 특목고 출신자를 위한 전형으로 볼 수 있다. 어문계열, 국제계열, 이·공계열 등에서 해당 모집단위의 특성에 부합하는 재능을 보유한 학생을 선발하는 전형이기 때문이다. 각 대학의 어학우수자전형과 수학·과학우수자전형이 여기에 해당한다고 보면 된다. 예를 들어 고려대 국제전형, 서강대 알바트로스인재전형은 어학우수자전형이고, 연세대 과학인재전형, 한양대 우수과학인전형은 수학·과학우수자전형에 해당한다.

'대학자체기준 전형'은 일반고를 중심으로 특목고 및 특성화고까지 아우르는 전형이다. 다양한 특기와 적성의 학생을 선발할 수 있도록 학생의 특별한 경력이나 소질을 전형 기준으로 설정해 선발하는 전형으로 선발인원이 가장 많고 종류도 매우 다양하다. 고교성적(내신) 우수자전형, 학교장·교사 추천전형, 기타 추천전형, 리더십전형 등이 대표적이다.

마지막으로 '사회통합배려 차원의 전형'이 있는데 크게 둘로 나눌 수 있다. 첫째가 사회적으로 배려해야 할 대상을 선발하는 전형이다. 국가유공자의 자손, 기초생활수급권자, 소년소녀가장 전형 등이 대표적이다. 둘째는 지역균형선발이나 기회균형선발처럼 교육 혜택으로부터 소외되기 쉬운 대상에게 공평한 교육 기회를 제공할 목적으로 도입된 전형이다. 농어촌 출신 학생, 산업체 부설고와 같은 전문계 고교 출신 학생, 고교 졸업 후 취업자들을 대상으로 선발한다. 사회통합배려 전형은 대부분 정원 외 특별전형이다.

특별전형은 상위권 대학일수록 입학사정관제와 병행해 실시하는 경우가 많다. 신입생 선발 전문가인 입학사정관이 직·간접적으로 선발에 관여하므로 특별한 자격기준(교과성적, 수상경력, 자격증, 어학점수, 지원자격) 못지않게 중요한 것이 자기소개서와 학업계획서다. 자격기준을 충족시키는 응시생을 대상으로 입학사정관이 면접을 실시하는데 이때 자기소개서와 학업계획서가 질의 응답 자료로 활용되기 때문이다.

특별전형은 그 전형의 지원자격을 갖춘 학생에 한해 지원할 수 있으므로 경쟁률이 그만큼 낮기 때문에 합격 가능성은 더 클 수 있다. 또, 정원 내/정원 외 특별전형의 자격요건을 모두 갖췄다면 정원 외 특별전형에 지원하는 것이 더 유리하다.

정원 외 특별전형

모집정원 이외의 학생을 소수 선발하는 전형.

▌ 관련 검색어　　특별전형, 수능최저학력기준

> 66 감사원이 농어촌 학생, 재외국민, 사회적배려대상자를 대상으로 하는 대학의 **정원 외 특별전형**에 대해 감사를 벌이고 있다. 한국대학교육협의회 관계자는 감사원의 요청에 따라 관련 자료를 제출했다고 밝혔다.(출처-동아일보 2011.03.30) 99

　　특별전형은 정원 내 특별전형과 정원 외 특별전형으로 구분된다. 정원 내 특별전형이 학부나 학과의 모집정원 내에서 일정비율을 선발하는 것이라면 정원 외 특별전형은 모집정원 이외의 학생을 선발하는 것이라고 할 수 있다. 일반전형 응시자와 정원 내 특별전형 응시자 등 모집정원 내에서 경쟁해야 하는 학생들의 합격 기회를 침해하지 않으면서도 균등한 교육 기회를 갖지 못한 학생들을 사회적으로 배려하기 위해 도입된 전형이므로 선발인원은 많지 않다.

전형별로 모집정원의 3% 범위에서 정원 외 특별전형을 실시하기 때문에 모집정원이 100명이라면 정원 외 특별전형으로 3명을 선발하고 이 경우 모집단위의 총 합격자는 103명이 된다. 정원 외 특별전형의 대표적인 유형으로는 농어촌학생전형, 특성화고교(실업계) 졸업자전형, 특수교육대상자(장애우)전형, 재외국민전형, 외국인전형 등이 있다.

정원 외 특별전형에 응시할 자격은 정원 내 특별전형보다 더 제한돼 있으므로 정원 내 특별정원보다 경쟁률이 낮아 합격에 더욱 유리하다. 그러나 상위권 대학일수록 수능최저학력기준을 적용하는 경우가 많으므로 자격조건이 된다고 해도 수능 성적이나 내신 성적이 기준에 미치지 못하면 합격선에 들 수 없다.

2012학년도 서울 주요대학 정원 외 특별전형 비율

(단위 : %)

학교명	저소득층 학생	농어촌 학생	전문계 고교 출신자
서울대	2.85	3.12	0
연세대	3.05	3.48	1.33
고려대	0	3.63	0.9
서강대	3.59	3.53	0.87
성균관대	2.66	3.5	1.76
한양대	1.64	3.62	1.35
이화여대	1.23	3.39	1.23
중앙대	2.53	3.53	5.29
경희대	2.68	3.64	1.8
한국외대	1.82	3.7	0
서울시립대	0	3.67	2.83
숭실대	2.65	3.55	1.76
홍익대	0	3.66	1.79
건국대	1.76	3.52	4.4
숙명여대	0.94	3.7	3.7
동국대	1.9	3.51	2.51

(주) 선발비율은 전체 신입생 모집정원 대비 정원 외 특별전형 중 해당 부문으로 뽑은 인원의 비율

일괄합산전형

모든 전형요소를 일괄적으로 합산해 모집단위의 정원을 한 번에 선발하는 방식.

유사어	일괄합산 선발
관련 검색어	단계별전형, 혼합전형

> 66 내신에 자신이 없는 학생이라면 각 대학의 수시모집 전형을 잘 살펴 단계별전형이 아닌 **일괄합산전형**을 골라야 한다. '학생부+논술'처럼 대학별고사가 포함되어 있는 일괄합산전형에 지원하면 학생부 교과 성적 때문에 1단계에서 떨어지는 일을 예방할 수 있다. (출처─동아일보 2009.09.21) 99

수시모집과 정시모집에서 신입생 선발을 한꺼번에 하느냐, 단계별로 나눠 진행하느냐에 따라 전형 유형은 일괄합산전형과 단계별전형으로 나뉜다. 일괄합산전형은 지원자 전체를 대상으로 모든 전형요소(수능+학생부+논술·면접 등)의 점수를 합산한 총점을 내고 이 총점을 기준으로 정원의 100%를 일괄 선발하는 방식이다. 예를 들이, 정원이 50명인 모집단위에서 논술 50%+학생부 50%를 적용해 신입생을 선발한다면 이 두 가지 전형요소의 성적을 합산해 50명 전원을 선발하는 것이다. 수시모집 1차 논술우수자전형에서 일괄합산전형 방식을 적용한 건국대의 모집요강을 참고하면 실제 사례를 보다 명확히 이해할 수 있을 것이다.

(예시) 2012학년도 건국대학교 수시모집요강

사정단계	논술고사	학생부	합계	수능최저학력기준
일괄합산	800점(80%)	200점(20%)	1000점(100%)	적용

(주) 수능최저학력기준을 충족한 자 중에서 모집단위별로 총점에 의한 석차 순으로 최종 선발함.

단계별전형

여러 단계를 거치며 합격자를 순차적으로 선발하는 방식.

| **유사어** | 단계별 선발, 단계별 사정 |
| **관련 검색어** | 일괄합산전형, 혼합전형 |

> 66 면접 중심 전형은 보통 학생부와 면접 성적을 동시에 반영하는 일괄합산전형보다는 1단계 학생부성적으로만 모집정원의 3~8배수를 선발한 후 2단계에서 1단계 성적과 면접 성적을 합산해 선발하는 단계별전형이 일반적이다. **단계별전형**은 1단계를 통과한 면접 대상자들의 학생부 성적이 거의 비슷해 2단계에서 실시되는 면접고사의 중요성이 매우 크다.(출처—한국경제 2011.09.16) 99

단계별전형은 한 번에 일괄적으로 합격자를 선발하는 것이 아니라 여러 단계를 거치면서 합격자를 선발하는 것을 말한다. 정해진 모집정원의 일정 배수를 1단계 조건을 적용해 선발하고, 다음 단계의 조건을 적용해 최종 모집정원을 선발하는 방식이다.

단계별전형은 보통 3단계로 진행되는데 1단계에서 모집정원보다 많은 학생을 선발한 후 2단계와 3단계를 거치며 단계별 기준을 적용해 최종 합격자를 선발하게 된다. 한국대학교육협의회에서 발표한 단계별전형의 모형을 보면 다음과 같다.

한국대학교육협의회에서 발표한 단계별전형 모형

단계	선발방식	발표
1단계	모집정원의 250%(2.5배수)를 수능 성적만으로 선발	1차 합격(최종 합격 아님)
2단계	모집정원의 20%를 수능 특정영역 점수만으로 선발	최종 합격
3단계	모집정원의 80%를 학생부, 수능, 논술고사 성적을 합산해 선발	최종 합격

이처럼 단계별전형은 3단계로 진행되는 것이 일반적이지만 단계별 선발방식은 대학교 모집단위에 따라 달라질 수 있으므로 지원하려는 학교의 평가방법이나 선발방식을 잘 살펴봐야 한다. 예를 들면 연세대 학교생활우수자트랙은 1단계에서 내신 성적을 기준으로 학생의 3배수 내외를 선발한 후 2단계 서류심사, 3단계 면접을 거쳐 최종적으로 서류와 면접 점수를 합산한 총점으로 합격자를 선발하는 방식을 택하고 있다.

(예시) 연세대학교 2013학년도 수시전형요강 중 학교생활우수자트랙 평가방법

단계	교과	서류	면접구술시험 (인성확인 면접)	비고
1단계	100%	–	–	교과영역 점수만으로 3배수 내외를 서류평가 대상자로 선정함.
2단계	–	100%	–	서류평가 점수만으로 모집인원의 50% 내외를 합격자로 우선 선발함.
3단계		70%	30%	* 면접구술시험 대상자에 한해 면접구술시험을 실시함. * 서류평가와 면접구술시험 점수를 합산한 총점 순으로 최종 합격자 선발함. * 면접구술시험 대상자가 면접구술시험에 응하지 않을 경우 불합격 처리함.

* 서류평가는 학교생활기록부 비교과, 자기소개서 추천서를 종합적으로 평가함.

혼합전형

일괄합산전형 방식과 단계별전형 방식을 혼용해 선발하는 전형.

유사어   혼합선발
관련 검색어   일괄합산전형, 단계별전형, 우선선발, 일반선발

> 1차 모집에서 500명, 2차 모집에서 1000명을 모집하는 논술우수자는 **혼합전형**으로 논술고사 성적만으로 모집정원의 50%(2차 모집은 30%)를 우선선발하고, 나머지 모집정원은 논술고사 50%＋학생부 50%로 선발한다. 수능시험 최저학력기준은 학생부우수자전형과 동일하지만 2차 모집의 우선선발은 1개 영역 이상 1등급이어야 한다.(출처-경향신문 2009.04.06)

       혼합전형은 말 그대로 일괄합산전형과 단계별전형을 혼용해 합격자를 선발하는 방식이다. 수능 성적이나 대학별고사 성적이 우수한 학생을 우선선발하기 위해 모집 정원을 나누어서 각각 다른 사정 방식을 적용해 선발하는 것이다. 예를 들어, 1단계에서 수능 성적만으로 모집정원의 20~80%를 우선선발(1차)하고, 그 다음 단계에서 나머지 인원을 두고 수능과 학생부 성적 등을 일괄합산해 선발(2차)하는 것이다.

혼합전형과 단계별전형의 차이점은 단계별전형에서는 1단계에서 최종 합격자를 선발하지 않지만 혼합전형에서는 단계별로 최종 합격자를 선발한다는 것이다.

보통 전형요강에서 혼합전형이라고 명시하는 경우는 드물지만 정시모집에서 우선선발과 일반선발로 나누어서 모집하는 경우 혼합전형이라고 보아도 무방하다.

(예시) 중앙대학교 2012학년도 정시모집요강 일반전형 선발방식

모집시기	계열		학생부	수능
'가군	인문·자연계열	우선선발(50%)	–	100
		일반선발(50%)	30	70

(예시) 연세대학교 2012학년도 정시모집요강 일반전형 선발방식

모집계열	구분	학교생활기록부			대학수학능력시험	총점	선발인원 비율(%)
		교과	출석	비교과			
인문, 자연, 의치	우선선발	–	–	–	500	500	70
	일반선발	400	50	50	500	1000	30

2014학년도 수능시험
세부 시행방안

2014학년도 수능시험부터는 수준별 시험제도가 도입된다. 국어, 영어, 수학의 출제 형태를 A형과 B형으로 나눠 A형은 현행보다 쉽게, B형은 현행과 유사한 난이도로 출제하는 것이 핵심이다. 수험생이 자기 수준에 맞는 문제 유형을 선택하도록 함으로써 입시 부담을 줄여 사교육의 폐해 등을 극복할 목적으로 도입한 방식이라고 할 수 있다.

입시 부담을 덜 목적으로 시행하는 것이니만큼 출제범위도 교과서 밖에서까지 출제하는 현행과는 달리 교과서 내에서만 출제하며 사회, 과학, 직업 등 탐구영역의 응시 과목 수도 줄였다. 2014학년도 응시 예정자라면 출제 유형에 따른 출제범위, 선택과목 수 등 현행과 달라지는 내용을 염두에 두고 수능 대비 전략을 세워야 한다.

교시	영역		문항 수	시험시간	배점	출제범위	비고
1	국어		45문항	80분	100점	(A형)화법과 작문Ⅰ, 독서와 문법Ⅰ, 문학1 (B형)화법과 작문Ⅱ, 독서와 문법Ⅱ, 문학Ⅱ	* A/B형 중 택1 * 듣기평가 (5문항)는 지필평가로 대체
2	수학		30문항	100분	100점	(A형)수학Ⅰ, 미적분과 통계기본 (B형)수학Ⅰ, 수학 Ⅱ, 적분과 통계, 기하와 벡터	* A/B형 중 택1 * 주관식 30% 출제 (9문항)
3	영어		45문항	70분	100점	(A형)영어, 영어Ⅰ (B형)영어Ⅱ, 영어 독해와 작문, 심화영어회화	* A/B형 중 택1 * 듣기평가 50% 출제 (22문항)
4	탐구 (택1)	사회 (10과목)	과목당 20문항	과목당 30분	과목당 50점	한국사, 한국지리, 세계지리, 동아시아사, 세계사, 법과 정치, 경제, 사회·문화, 생활과 윤리, 윤리와 사상	* 최대 2과목 선택
		과학 (8과목)	과목당 20문항	과목당 30분	과목당 50점	물리Ⅰ, 화학Ⅰ, 생명과학Ⅰ, 지구과학Ⅰ, 물리Ⅱ, 화학Ⅱ, 생명과학Ⅱ, 지구과학Ⅱ	* 최대 2과목 선택
		직업 (5과목)	과목당 40문항	과목당 60분	과목당 100점	농생명산업, 공업, 상업정보, 수산·해운, 가사·실업	* 1과목 선택
5	제2외국어/ 한문		과목당 30문항	과목당 40분	과목당 50점	독일어Ⅰ, 프랑스어Ⅰ, 스페인어Ⅰ, 러시아어Ⅰ, 중국어Ⅰ, 일본어Ⅰ, 아랍어Ⅰ, 기초 베트남어, 한문Ⅰ	* 1과목 선택

■ 국어

현행 수능시험보다 쉽게 출제하는 A형과, 현행 수능시험과 유사한 난이도로 출제하는 B형으로 나뉜다. A형은 화법과 작문Ⅰ, 독서와 문법Ⅰ, 문학Ⅰ, B형은 화법과 작문Ⅱ, 독서와 문법Ⅱ, 문학Ⅱ 과목을 기초로 다양한 소재의 지문과 자료를 활용해 출제한다. 따라서 A형은 주로 자연계와 예체능계 학생들이 응시하고, B형은 인문계 학생들이 주로 응시할 것으로 예상된다. 시험시간은 현행대로 80분을 유지하되, 기준 50문항에서 듣기평가 5문항을 줄여 45문항이 출제되므로 수험생의 부담이 그만큼 줄었다고 볼 수 있다.

■ 수학

2014학년도에 수준별 시험이 도입된다고 해도 수학의 난이도에는 큰 변화가 없을 것으로 보인다. 현재에도 수리영역은 '가'형과 '나'형으로 구분해 출제되고 있기 때문이다. 현재의 '나'형이 A형이 되고 '가'형이 B형이 될 것이다. 출제 범위 또한 A형은 수학Ⅰ과 미적분과 통계 기본, B형은 수학Ⅰ과 수학Ⅱ, 적분과 통계, 기하와 벡터로 현행과 동일하다. 시험시간과 문항 수, 배점 역시 현행 수능시험과 동일하고 단답형을 9문항(30%) 출제한다. 문항당 배점도 2, 3, 4점으로 구성돼 있는데 2012학년도 수능시험에서는 2점짜리 3문항, 3점짜리 14문항, 4점짜리 13문항이 출제되었다. 그러므로 현재와 마찬가지로 B형은 주로 자연계 학생이, A형은 인문계 학생이 응시할 것으로 보인다.

■ 영어

수준별 시험이 도입되었을 때 가장 큰 변화는 영어에서 나타날 것으로 예측된다. 국어와 수학은 출제범위가 인문계 학생와 자연계 학생으로 구분돼 있어 수준별 시험보다는 계열별 시험에 가깝기 때문이다. 2014학년도 수능시험이 처음 논의될 때는 영어 A형은 국가영어능력평가시험(NEAT) 3급과 유사하게, B형은 2급과 유사하게 출제해 수준별 출제를 명확히 할 계획이었으나 최종적으로 A형은 실용영어 중심으로, B형은 기존 수능시험 수준으로 출제하기로 결정함으로써 수준별 구분이 모호해진 측면이 있다. 다만 출제범위 상으로는 A형은 영어와 영어I, B형은 영어II, 영어 독해와 작문, 심화영어회화로 분류돼 있으므로 수준별 구분에는 어느 정도 부합한다고 볼 수 있다. 시험시간은 70분으로 현행과 동일하지만 문항은 50문항에서 45문항으로 줄었다. 그리고 듣기평가 문항을 기존 34%(50문항 중 17문항)에서 50%(45문항 중 22문항)로 늘리면서 1개의 대화문을 듣고 2개의 문제를 풀어야 하는 세트형 문항을 새로 추가해 실시한다.

■ 사회·과학

사회와 과학의 경우 최대 선택과목 수가 현행 3과목에서 2과목으로 줄어든다는 것과 사회과목의 출제범위가 현행 11과목에서 10과목으로 줄어든다는 것 외에는 현행 수능시험과 크게 다르지 않다. 사회는 한국사, 한국지리, 세계지리, 동아시아사, 세계사, 법과 정치, 경제, 사회·문화, 생활과 윤리, 윤리와 사상 중에서 2과목, 과학은 물리I, 화학I, 생명과학I, 지구과학I, 물리II, 화학II, 생명과학II, 지구과학II 중에서 2과목을 선택해 응시하면 된다.

■ 직업

마이스터고와 특성화 고교(옛 전문계 고교) 학생들이 응시하는 영역으로 현행 17개의 과목을 농생명산업, 공업, 상업정보, 수산·해운, 가사·실업 등 5개 과목으로 통합해 출제한다. 이렇게 과목을 대폭 통합하면서 출제 문항 수를 현행 20문항에서 40문항으로 확대하므로 시험시간도 30분에서 60분으로 늘린다. 직업영역에 응시하려면 전문계열의 전문교과를 80단위 이상 이수해야 한다.

한눈에 파악하는
대입제도 변천사

대학별 단독 입학시험 → 연합고사 → 대학별 단독 입학시험 → 대입자격 국가고시 → 대학별 단독 입학시험 → 예비고사+본고사 → 학력고사 → 대학수학능력시험 → 대학수학능력시험+대학별고사(?)

적응할 만하면 바뀐다는 불만이 끊이지 않을 정도로 우리나라 대학입시제도는 수많은 변화를 겪었다. 광복 이후 가장 먼저 등장한 대입제도가 대학별 단독 입학시험(1945~1953년)이었다. 대학이 자율적으로 시험을 실시해 학생을 선발하는 방식이었는데 초기에는 지원자가 적어 정원 미달 사태가 속출했으나 대학진학률이 높아지면서 이내 자율권을 악용한 각종 입시부정 사례가 나타나기 시작했다. 정원 초과 모집은 물론 자격에 미달하는 수험생에게까지 입학 허가를 남발하는 등 잡음이 끊이지 않았다.

이 같은 병폐를 막기 위해 1954년에는 대학별 단독 입학시험 전에 국가연합고사를 치르도록 제도를 개선했다. 대학별 입학시험에 응시할 수 있도록 일종의 자격시험을 실시한 셈인데 권력층의 자녀가 연합고사에 떨어졌다는 소문이 나돈다는 이유로 그해 시험 결과가 백지화되는 어이없는 사태를 겪은 뒤 무효화되고 말았다.

이에 따라 대학별 단독 입학시험(1955~1961년)만으로 다시 신입생을 선발하게 되면서 보완책으로 내신제 실시가 권장됐다. 5·16 군사정부가 등장한 후에는 입시제도에 대한 사회적 불만을 해소하려는 쇄신책으로 대입자격 국가고시(1962~1963년)가 도입됐다. 그러나 군사정부의 강압적인 개입으로 인한 대학의 자율성 침해 논란이 일면서 대입자격 국가고시도 고작 1년 만에 수명을 다했다.

이후 다시 대학별 단독 입학시험(1964~1968년)으로 회귀했지만 정원관리 부실, 대학 간 입시기준 다양화에 따른 수험생 혼란 등 부작용이 나타났다. 이를 극복할 목적으로 실시한 제도가 대학입학 예비고사와 대학별 본고사(1969~1980년)였다. 또 초등학생까지 입시지옥으로 내몰던 중학교 입시를 폐지하고 중학교 무시험 진학제(1968년)를 실시하기 시작했으며 고교입시 과외를 막을 목적으로 고교평준화정책(1973년)도 도입했다. 그러나 예비고사가 단편적인 지식 위주의 선택형이었던 반면 본고사는 국영수 등에 집중된 고학력 경쟁고사 성격이었던 탓에 고액과외가 성행하면서 빈부격차에 따른 사회적 위화감이 극대화되는 결과를 초래했다.

이에 대한 개선책으로 1980년, '교육정상화 및 과열과외 해소방안'을 발표하면서 도입한 입시제도가 학력고사였다. 대학진학 희망자들이 일괄적으로 학력고사를 치른 후 점수에 맞는 대학에 응시하는 방식이었는데 학력고사의 단점을 보완하기 위해 고교 내신과 논술시험을 병행 적용했다. 그러나 학력고사의 과목 수가 늘면서 수험생의 입시준비 부담을 가중시킨 데다 선시험, 후지원 제도로 인한 극심한 눈치작전, 대학 간 서열화 심화 등 각종 부작용이 불거지기 시작했고 그 해결책으로 등장한 것이 '선지원, 후시험' 제도(1988~1993년)였다. 이후 학력고사 과목을 대폭 줄이고 채점의 객관성과 신뢰성 논란이 끊이지 않던 논술을 폐지하는 대신 면접고사가 실시됐다. 그러자 이번에는 면접고사로 인한 입시부정 사태가 잇따랐고 학력고사가 암기식 입시 위주 교육을 부채질한다는 비판이 제기되면서 학력고사 시대도 1993년을 끝으로 막을 내렸다.

학력고사의 뒤를 이어 도입한 입시제도가 현 대학수학능력시험(1994~현재)이다. 1995년 5·31 교육개혁조치에 따라 1997년부터 논술을 제외한 대학별고사가 폐지됐고 내신도 학교생활기록부로 대체됐다.

그리고 현재, 논술과 구술면접 등으로만 실시되고 있는 대학별고사가 대학 자율에 맡겨지게 됨으로써 1980년 공식 폐지된 대입 본고사는 30년 만에 부활 가능성을 예고하고 있다. 대학들은 물론 과거 형태의 본고사로 회귀하는 일은 없을 것이라 장담하고 있지만 대학들이 자체적인 가이드라인을 만들지 않는 한 사실상의 규제는 사라지는 셈이어서 본고사 부활에 대한 우려와 논란을 피하기 어려울 것이다. 더욱이 내신은 절대평가로 바뀌고, 수능은 자격고사화 되는 상황에서 대학은 학생의 변별력을 찾기 어려우므로 대학별고사를 통해 신입생을 선발할 가능성이 매우 높아졌다.

Q&A로 풀어보는
입시구조 궁금증

Q1 수시모집에도 1차, 2차, 3차가 있던데 왜 이렇게 나뉘는 건가요?

A1 수시모집 기간에 따라 편의상 구분한 차수(차례)입니다. 수시 1차는 수능시험 전에 실시하는 전형을 말하고 수시 2차는 수능시험 이후에 실시하는 전형을 가리킵니다. 보통 대학마다 1차와 2차로 나눠 수시모집을 하는 경우가 일반적이지만 3차까지 모집하는 학교도 있습니다. 동국대 같은 경우 총 3차례의 수시모집을 하는데 1차와 2차를 수능시험 전에 실시하고 3차는 수능시험 이후에 합니다. 대학마다 모집횟수와 기간에 차이가 있으므로 지원할 대학의 전형요강을 잘 살펴 착각하는 일이 없도록 해야 합니다.

Q2 특별전형에 지원할 자격을 갖췄다면 일반전형에 지원하는 것보다 유리한가요?

A2 대체로 유리합니다. 특별전형은 그 전형에 지원할 자격을 갖춘 학생에게만 지원 기회를 제공하므로 경쟁률이 그만큼 낮아 합격 가능성도 높습니다. 예를 들어 농어촌학생 특별전형에 지원할 수 있는 학생이라면 일반전형에 지원할 때보다 훨씬 유리한 조건으로 입시 관문을 통과할 수 있습니다.

실제 농어촌 특별전형의 정시 합격선은 일반전형보다 약 1등급 정도 낮은 것으로 알려져 있습니다.

그러나 대학에 따라 특별전형에 수능최저학력기준을 적용해 선발하기도 하므로 특별전형이 언제나 유리한 것만은 아닙니다. 따라서 대학의 전형 유형과 자신의 조건을 고려해 지원 여부를 결정해야 합니다.

Q3 수시 추가모집은 어떻게 진행되나요?

A3 일단 수시에는 추가모집이라는 개념이 없습니다. 추가모집은 정시까지 모든 모집이 끝난 후 모집인원에 결원이 생길 경우에만 실시하는 사실상의 최종모집이기 때문입니다.

따라서 수시모집에서는 추가모집이라는 용어 대신 '수시 미등록충원(추가합격)'이라는 용어를 쓰는 것이 맞습니다. 과거에는 수시모집에서 결원이 발생해도 정시모집에서 충원하도록 했으므로 수시 미등록충원이 없었지만 2012학년도부터 미등록충원이 가능해졌습니다.

그렇다고 모든 대학이 수시 미등록충원을 하는 것은 아닙니다. 미등록충원을 하는 대신, 정시모집에서 결원만큼 더 선발하는 대학도 있습니다. 실제 서울대는 2012학년도 수시모집에서 추가합격자를 발표하지 않았습니다. 또한 미등록충원을 하는 대학도 모든 전형에서 실시하는 경우와 일부 전형에 한해 충원하는 경우로 나뉩니다. 서강대·연세대·이화여대 등은 수시모집의 모든 전형에서 미등록충원을 하지만, 고려대·한국외대는 일부 전형에서만 미등록충원을 합니다. 따라서 자신이 지원하고자 하는 대학, 해당 전형의 미등록충원 여부를 확인해보고 나서 지원해야 합니다.

Q4 재수생도 수시모집에 지원할 수 있나요?

A4 모든 대학, 모든 전형에 지원할 수 있는 것은 아니지만 재수생 이상 졸업생이 지원할 수 있는 전형이 점차 많아지고 있습니다. 주요 대학의 수시 일반전형은 대부분 졸업생 지원이 가능합니다. 그러나 일부 특별전형은 재학생만 지원할 수 있도록 자격을 제한하고 있으므로 수시모집 지원 시 확인하는 것이 좋습니다. 예를 들면 연세대의 학교생활우수자트랙 같은 경우 재학생만 지원할 수 있는 특별전형에 해당합니다.

Q5 우선선발과 일반선발은 응시생이 따로 지원해야 하는 건가요?

A5 아닙니다. 우선선발과 일반선발의 지원 절차를 따로 밟을 필요는 없습니다. 지원자 전원이 우선선발과 일반선발의 대상이 되고 선발은 대학에서 자율적으로 합니다. 대학에서 우선선발로 모집하려는 인원을 먼저 선발한 후 여기에 포함되지 않으면 자동적으로 일반선발 전형에서 합격 여부가 가려집니다.

Q6 수시모집에서도 수능최저학력기준이 적용되나요?

A6 대부분 적용됩니다. 2013학년도 수시모집 일반전형에도 고려대, 성균관

대, 연세대, 중앙대 등이 수능최저학력기준을 적용합니다. 따라서 수능최저학력기준을 적용하는 대학에 지원할 때는 그 기준이 어느 정도인지를 반드시 확인해야 합니다.

Q7 2013학년도부터 수시모집 지원횟수가 6회로 제한된다고 하는데 모든 대학에 적용되나요?

A7 과거에는 수시모집 지원횟수에 제한이 없었으나 2013학년도부터 지원횟수가 6회로 제한됩니다. 여기서 6회란 6개 전형에 원서를 제출하는 경우를 말하므로 동일한 대학의 다른 전형(정원 외 특별전형 포함)에 지원하는 횟수도 포함됩니다.

그러나 4년제 대학교와 교육대학 수시모집에만 횟수제한이 적용되므로 산업대학과 전문대학, 특별법에 의해 설치된 대학의 수시모집에는 이전처럼 자유롭게 지원할 수 있습니다. 즉, 4년제 대학교와 교육대학 수시모집에 총 6회를 지원한 후에도 한국과학기술원(KAIST)이나 경찰대, 사관학교 등에 추가지원할 수 있다는 뜻입니다.

Q8 수시모집에 한번 합격하면 다른 수시지원 대학에 추가합격이 되더라도 등록을 못하는 건가요?

A8 아닙니다. 최초 합격한 대학에 등록을 취소하고 추가합격 대학에 등록하면 됩니다. 최초 합격한 대학에 예치금을 납부한 경우에도 등록 포기 의사를 전달한 후 다른 추가합격 대학에 등록하면 됩니다. 이 경우 이미 납부한 예치금도 환불받을 수 있습니다. 이는 모든 수시모집에 적용되므로 1차, 2차, 3

차 수시모집 중 어느 차수에 합격하더라도 본인이 원하는 대학에 등록할 수 있습니다.

Q9 수시모집에 합격하면 정시모집에 지원이 불가능한가요?

A9 수시모집 대학에 지원해 한 곳이라도 합격한 학생은 등록 여부와 상관없이 정시모집 및 추가모집에 지원할 수 없습니다. 횟수제한 없이 지원할 수 있는 산업대학과 전문대학에 수시합격한 경우도 마찬가지이고 수시 미등록충원을 통해 합격한 경우도 역시 정시모집 지원자격이 제한됩니다.(단, 특별법에 의해 설치된 대학은 정시지원 가능) 2012학년도에는 수시 미등록충원으로 추가합격 통보를 받았을 때 등록 포기 의사를 밝히면 불합격 처리돼 정시모집에 지원할 수 있었으나 2013학년도부터는 불가능합니다.

Q10 2014학년도 수능부터 A/B형 수준별 시험제도를 도입한다고 하는데, 무슨 뜻인가요?

A10 2014학년도 수능에서는 언어, 수리, 외국어영역을 각각 국어, 수학, 영어로 변경하고 현재 수준보다 출제범위를 좁혀 쉽게 출제하는 A형과 현재와 같은 수준으로 출제하는 B형으로 나눠 수준별 시험을 치르도록 합니다.

A형은 현행보다 난이도가 낮고 B형은 현행과 유사한 난이도를 유지하는 셈인데 그렇다고 한 학생이 모두 난이도가 낮은 출제 유형에 응시할 수는 없습니다. B형은 최대 2과목까지 응시할 수 있고 국어 B형과 수학 B형은 동시에 선택할 수 없도록 하는 등 유형 선택에 제약이 있기 때문입니다.

따라서 자신 있는 과목은 B형을 선택하고 자신 없는 과목은 A형을 선택하는 식으로 자신의 수준에 맞춰 난이도를 잘 조합하는 것이 중요합니다. 영역별 선택조합을 예상해보면 상위권 학생의 경우 인문계열은 국어 B형, 수학 A형, 영어 B형, 사회탐구 2과목을 선택하고, 자연계열은 국어 A형, 수학 B형, 영어 B형, 과학탐구 2과목을 선택할 가능성이 높습니다.

step 2

수능 분석하기

해마다 치르는 수능이지만 용어 자체가 암호 수준이라
정확히 알고 어떻게 활용하느냐에 따라 의외의 성과를 얻기도 한다.
중요한 입시 자료라 할 수 있는 수능성적표를 비롯해
다각도로 분석해본 수능 관련 개념어 6.

대학수학능력시험 _ 수능성적표 _ 원점수 _ 등급 _ 표준점수 _ 백분위

대학수학능력시험

대학교육에 필요한 학습능력을 측정하는 시험.

| **축약어** | 수능, 대수능 |
| **관련 검색어** | 표준점수, 등급, 백분위 |

> 11월 8일 실시되는 2013학년도 **대학수학능력시험**은 지난해와 마찬가지로 쉽게 출제될 것으로 전망된다. 지난해 너무 쉽게 출제된 외국어영역만 난도가 다소 올라갈 것으로 보인다.(출처–동아일보 2012.03.29)

대학수학능력시험은 대학교육 수학에 필요한 학업적성을 측정하기 위한 일종의 '발전된 학력고사'라고 할 수 있다. 암기 위주의 평가로 혹평 받던 학력고사의 대안으로 1994학년도부터 실시됐다.

평가영역은 언어, 수리, 외국어(영어), 사회/과학/직업탐구, 제2외국어/한문이며, 탐구영역은 한 영역만 응시하면 되고, 제2외국어/한문은 필수가 아니라 선택영역이다. 시기 및 횟수는 고등학교 3학년 말에 1회 실시가 원칙이다. 점수 표시는 영역별 과목별 표준점수 및 등급, 석차백분위를 사용한다. 수능시험 결과는 대학이 전형자료로 자유롭게 활용할 수 있다. 점수와 등급을 다단계 전형의 자격기준으로 사용할 수 있으며, 일부 영역 성적만 활용하거나 영역별 점수에 가중치를 부여하는 등 전형 방법에 따라 다양한 방법으로 활용이 가능하다.

수능 출제를 담당하는 곳은 한국교육과정평가원(http://www.kice.re.kr, 이하 평가원)이며, 대학교수, 고교 교사 등으로 구성된 출제위원단이 합숙하면서 문제를 출제한다. 평가원이 먼저 출제위원장과 부위원장 인선을 마치면 출제위원장단이 출제위원의 2배수를 추천하고 평가원이 1배수를 더해 양자가 3배수가 된 가운데 다시 협의를 통해 출제위원을 선정한다. 출제·검토위원들은 선정 단계부터 보안을 위해 평가원 관계자가 직접 소속기관을 방문, 기관장 입회하에 위촉장을 교부하고 비밀유지 각서를 받는다. 출제진이 구성되면 워크숍을 시행한 후 약 한 달간의 합숙을 통해 대학수학능력시험 문제를 출제하게 된다.

수능성적표

대학수학능력시험을 치른 후 개별적으로 통보하는 시험 결과지.

유사어	수능성적통지표
관련 검색어	표준점수, 백분위, 등급, 원점수

> **수능성적표**에는 원점수가 표기되지 않는다. 대신 표준점수, 백분위, 등급이 제공된다. 표준점수는 영역별 난이도에 따른 유불리를 완화하기 위해 평균과 표준편차를 동일하게 적용해 계산한 점수다.(출처–동아일보 2011.11.30)

수능성적표라고 하면 단순히 수능시험의 결과를 통보하는 성적표에 불과하다고 생각할 수 있지만 사실 수능성적표는 상당히 중요한 입시자료다. 개별 성적표에는 정답을 맞힌 문항의 배점을 단순 합산한 원점수 대신, 원점수를 가공한 표준점수와 백분위, 등급이 표기된다.

상위권 대학은 표준점수를, 중위권 대학은 백분위점수를 각각 활용해 신입생을 선발하는 경향이 있으므로 수험생은 어떤 점수가 자신에게 유리한지 잘 따져보아야 한다.

표준점수는 개인의 원점수가 평균에서 떨어진 거리를 표준편차 단위로 표시한 것이다. 표준점수는 영역별 응시생 집단의 특성과 선택과목의 특성 차이로 발생하는 난이도 격차를 완화하기 위해 도입된 것으로 난도가 높은 과목을 본 학생과 비교적 쉬운 과목을 본 학생이 각각 받는 점수 차이를 보정해주는 역할을 한다. 그러므로 난도가 높아 원점수 평균이 낮은 영역이라도 표준점수로는 크게 낮아지지 않으며, 반면에 시험이 쉬워 원점수 평균이 높은 영역이라도 표준점수가 크게 높아지지는 않는 것이다.

백분위는 특정 수험생이 받은 표준점수보다 낮은 점수를 받은 수험생의 비율 (0~100)을 뜻한다. 예를 들어 어떤 수험생이 수리영역에서 표준점수 117점을

수능 채점, 왜 20일 이상 걸릴까?

수능시험이 끝나면 답안지는 한국교육과정평가원 전산부로 옮겨져 채점에 들어간다. 채점 절차는 '답안지 인수→답안지 개봉→답안지 판독→채점 검증→통계처리→성적통지표 출력'의 순서로 진행된다. 답안지를 개봉하는 데 걸리는 시간은 6, 7일가량. 수능시험이 끝나면 복수 정답이나 오답 시비 등을 없애기 위해 시험 후 5일 동안 이의신청 기간이 운영된다. 이 과정을 거쳐 정답이 확정되면 물샐 틈 없는 경계 속에 주전산기와 이미지 스캐너, 고속 레이저 프린터 등을 동원해 채점이 진행된다. 이의신청 기간에 컴퓨터가 본 채점은 하지 않고 미리 답안지를 읽어두는 작업을 해놓기 때문에 정답만 입력하면 채점은 일사천리로 이뤄진다. 여러 대의 판독기를 동원하더라도 오류 답안지(문제지 유형을 잘못 기재하거나 수험번호를 틀리게 쓴 답안지, 각종 이물질이 묻은 답안지)는 채점요원이 수작업을 통해 일일이 대조하는 과정을 거친다. 또 자동채점의 정확도를 검증하기 위해 자동채점한 답안지 가운데 1만 장을 채점요원이 나시 손으로 채섬하는 과정도 진행되므로 채점에만 12일가량이 걸린다.

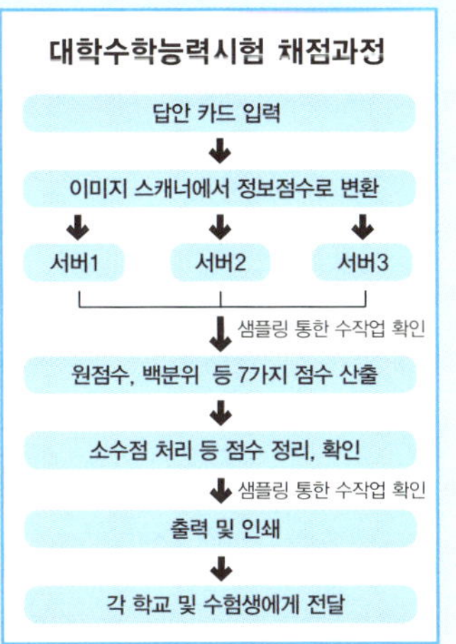

채점이 끝나면 성적표에 표기되는 영역별 등급과 표준점수, 백분위 등을 산출하고 전국 수험생 점수 분포표 등을 통계처리한다. 그러고 나서 수험생에게 나눠줄 성적통지표를 고속 프린터로 출력해 마무리하는 데 약 4일이 걸린다고 한다. 그래서 수능시험 후 성적표를 받기까지 20여 일이 걸리는 것이다.

받았는데 이 점수보다 낮은 성적을 받은 응시자가 전체의 75%라면 백분위는 75가 되는 식이다. 백분위는 계산하기 쉽고 수험생 간의 성적 차이를 한눈에 파악할 수 있다는 장점이 있지만, 점수를 단순화한 탓에 동점자가 많아져 변별력이 떨어진다는 단점도 있다.

등급은 수험생의 영역별, 선택과목별 성적을 1~9등급으로 나눠놓은 것을 의미한다. 1등급은 표준점수 상위 4%이고 2등급은 그다음부터 상위 11%까지, 3등급은 또 그다음부터 상위 23%까지며 마지막 9등급은 최하위 4%가 해당한다. 그러나 동점자는 모두 상위 등급으로 분류되기 때문에 난이도 조절에 실패해 원점수 만점자가 많으면 만점자 모두를 1등급으로 분류할 수밖에 없으며 이렇게 되면 2등급이 없어지는 이른바 등급 블랭크 현상이 발생할 수 있다는 단점도 있다.

원점수

수험생이 정답을 맞힌 문항의 배점을 단순 합산한 점수.

▌ 관련 검색어 표준점수, 등급

> 전북외국어고등학교에서 올해 대학수학능력시험 만점자가 탄생했다. 주인공은 이 학교 영·일본어과에 재학 중인 허진무(18) 군. 허 군은 수능 4개 영역 (언어·수리·외국어·사회탐구, **원점수** 450점, 표준점수 613점) 만점을 기록했다.(출처-한국일보 2011.12.01)

　　　　원점수는 수험생이 정답을 맞힌 문항의 배점을 합산한 점수를 말한다. 점수를 변형하거나 가공하지 않은 상태의 점수이므로 수험생이 실제로 얻은 점수를 정확하게 알 수 있다.

예를 들어 언어영역 50문항 중 3점 배점의 문항 4개, 2점 배점 문항이 39개, 1점 배점 문항 3개를 맞혔다면 언어영역 시험 원점수는 '(3×4)+(2×39)+(1×3)'=93점이 된다.

통상 원점수 60점은 불만족스러운 점수다. 과거 절대평가 시 평어 '양'에 해당하기 때문이다. 그러나 현재 수능 평가는 상대평가로서 원점수가 60점이라고 하더라도 자신의 위치가 전체 응시자 중 몇 %인지에 따라서 서열이 달라진다. 만약 원점수 60점으로 상위 4% 이내에 해당한다면 1등급의 자격을 얻는 것이다. 한편 이를 바꿔서 원점수 93점이라고 하더라도 자신이 응시자 중에서 상위 13% 선에 해당한다면 3등급의 자격밖에 얻지 못하게 되는 것이다. 참고로 2012학년도 수능 외국어영역은 매우 쉽게 출제되었는데, 원점수 93점을 획득한 학생의 등급은 3등급이었고 백분위는 87에 해당했다.

그러므로 원점수의 높고 낮음에 일희일비하지 말고 일단 해당 시험의 난이도가 어떠한지를 따져보는 것이 좋다.

등급

개별 수험생이 속해 있는 해당 등급을 표시한 점수 체계.

| **별칭 및 축약어**　9등급
| **관련 검색어**　　최저학력기준, 표준점수, 등급 컷

> 7차 교육과정이 적용된 2005학년도부터는 영역 과목별 9등급제가 도입돼 원점수가 사라지고 표준점수와 **등급**(1~9등급)만 제공했다. (출처—아시아투데이 2011.01.26)

　　　　등급은 전체 수험생 가운데 개별 수험생이 응시한 과목에서 얻은 점수의 위치를 해당 등급으로 표시한 점수 체계다. 언어, 수리, 외국어 등 영역별로 표준점수를 산출한 후 이 점수가 영역별 전체 응시자 가운데 몇 %(백분위)에 해당하는지를 따져 영역별로 등급을 부여한다. 등급은 1등급부터 9등급까지 분류하는데 수험생의 표준점수가 전체 응시자 가운데 상위 4% 이내에 해당하면 1등급, 상위 11% 이내에 해당하면 2등급으로 분류하는 식이다. 이어 23%까지 3등급, 40%까지 4등급, 60%까지 5등급, 77%까지 6등급, 89%까지 7등급, 96%까지 8등급, 100%(하위 4%)까지 9등급으로 구분한다.

등급은 영역별 전체 응시자의 표준점수가 산출되고 점수 순위가 집계돼야 비로소 결정되므로 자신이 몇 등급에 해당하는지는 바로 알 수 없다. 이 때문에 시험이 끝난 후 수험생들이 가장 궁금해하는 것이 이른바 예상 등급 컷(등급 커트라인)이다. 예상 등급 컷이란 등급이 나뉘는 점수를 예상한 것으로 각

등급의 커트라인에 해당하는 원점수, 표준점수, 백분위를 말한다. 가령 언어 영역 예상 등급 컷이 원점수 93점일 경우, 93점 이상을 맞으면 1등급으로 예상한다는 것이다.

등급은 영역별로 산출하기 때문에 등급만으로는 어느 정도 대학에 합격할 수 있는지를 판단할 수 없다. 다만, 영역별로는 수험생의 학습능력을 가늠할 수 있으므로 현재 대학에서 최저학력기준의 지표로 사용하는 것이 바로 등급이다. 가령 수능 2개 영역 2등급 이상이어야 최저학력기준에 부합해 합격선에 들 수 있음을 고지하는 식이다.

표준점수

각 개인의 원점수가 평균으로부터 떨어진 거리를 표준편차를 이용해
점수로 나타낸 것.

별칭 및 축약어　　T점수, 표점
관련 검색어　　　백분위, 원점수, 등급

> 66 올 대학수학능력시험은 쉽게 출제돼 **표준점수**가 전반적으로 하락했다. 언어 수리
> 외국어 최고점을 합산한 결과 지난해보다 인문계는 24점, 자연계열은 29점 낮아졌
> 다. 동점자도 많아졌다.(출처－동아일보 2011.12.12) 99

　　　　　　표준점수는 각 개인의 원점수가 평균으로부터 떨어진 거리를
표준편차를 이용해 나타낸 점수를 말한다. 표준편차란 각 개인의 원점수가
평균으로부터 얼마나 떨어져 있는지를 양적으로 표시하는 수치다. 현재 수능
에서 사용하는 표준점수는 언어, 수리, 외국어이 경우 평균은 100이고 표준
편자는 20인 T점수 척도를, 탐구와 제2외국어/한문의 경우 평균은 50이고
표준편차는 10인 T점수 척도를 활용하고 있다.
표준점수의 산출 방식은 아래와 같다.

공식 : 표준점수(T) = $100 + 20 \times \dfrac{X - m}{\sigma}$,

해설 : 표준점수(T) = 100(탐구는 50) + 20(탐구는 10)

$$\times \frac{\text{수험생이 얻은 원점수} - \text{전체 수험생의 원점수 평균}}{\text{표준편차}}$$

어느 수험생의 언어영역 원점수가 60점, 전체 언어영역 평균점수가 50점이라고 하자. 먼저 원점수(60)에서 평균점수(50)를 뺀다. 그다음 이때 나오는 값(10)을 언어영역 응시자 전체에 대한 표준편차(σ : 시험 볼 때마다 달라지는 값이지만 여기는 25라 가정)로 나눈다. 그리고 이 값(0.4)에 다시 언어영역 표준편차인 20을 곱한 뒤, 언어영역 평균인 100을 더하면 표준점수 108점이 나온다.

$$\left[\left(\frac{60-50}{25} \right) \times 20 + 100 \right] = 108점$$

최초에 표준점수를 사용하는 이유는 수험생이 응시한 선택과목의 난이도에 따른 유불리 현상을 완화하기 위해서였다. 2005학년도부터 탐구영역의 공통과목이 폐지되면서, 서로 다른 과목에 응시하는 수험생들의 성취도를 상대적으로 비교하기 위한 수단으로 표준점수가 중요해졌다. 가령 사회탐구영역에서 경제 시험을 치른 학생과 세계사 시험을 치른 학생이 있다고 했을 때 경제 시험의 난도가 세계사보다 높았다면 경제를 선택한 학생은 불리한 위치에 설 수밖에 없다. 이때 과목별 표준점수를 통해 성적을 반영하면 그 불리함이 완화된다.

그런데 현행입시에서 표준점수를 전략적으로 활용할 수도 있다. 수능시험에서 표준편차가 큰 과목은 수리영역이다. 수학은 우수한 학생과 그렇지 못한 학생 사이의 실력차이가 크기 때문에 표준편차도 크고 표준점수도 높게 형성된다.

반면 언어영역은 평균점수도 높고 학생 간 실력 차이도 크지 않아 수리영역보다 표준편차도 작고 표준점수도 낮게 형성되는 것이 보통이다. 그러므로 수능에서는 표준편차가 큰 수리영역에서 고득점을 하는 것이 상대적으로 유리하다. 실제로 2009학년도 언어영역 만점의 표준점수는 140점이었다. 반면 수리(나형)영역 만점의 표준점수는 158점이었다. 무려 18점이나 차이가 난다. 만약 다른 성적이 엇비슷하다고 가정한다면 수리영역을 잘 본 학생이 대단히 유리하게 되는 것이다.

물론 현재 수능시험은 쉬워진 것이 사실이다. 그렇더라도 상위권대 진학이 목표라면 절대로 수리영역을 소홀히 해서는 안 된다. 여전히 수리영역은 표준편차가 큰 과목으로 최고 표준점수가 항상 높으며, 상위권 대학 상경계열을 중심으로 수리영역의 실질반영비율이 매우 높기 때문이다.

(예시) 2012학년도 수능시험 영역별 등급구분 표준점수

등급	언어		수리 '가'형		수리 '나'형		외국어	
	점수	비율(%)	점수	비율(%)	점수	비율(%)	점수	비율(%)
만점	137	0.28	139	0.31	138	0.97	130	2.67
1등급	131	4.07	130	4.50	135	4.83	128	6.53
2등급	124	7.81	124	6.57	129	7.25	125	5.28
3등급	117	11.83	117	11.96	119	12.29	119	11.49
4등급	107	17.09	109	17.20	105	16.64	109	17.34
5등급	96	20.59	97	20.58	90	19.73	95	20.38
6등급	84	16.94	83	16.85	81	16.51	82	16.68
7등급	74	10.78	70	11.70	76	12.89	72	12.19
8등급	62	6.96	63	7.31	73	6.55	65	6.40
9등급	62 미만	3.93	63 미만	3.33	73 미만	3.29	65 미만	3.71

백분위

자신보다 점수가 낮은 응시자의 비율.

> 2012년부터 '반값등록금'을 시행하는 서울시립대의 정시모집 합격생 평균 성적이 예년에 비해 높아진 것으로 나타났다. 시립대에 따르면 2012학년도 정시 일반전형 최초 합격자의 **백분위** 평균 성적은 인문계열 96.1, 자연계열 91.13으로 최근 5년간 가장 높은 것으로 집계됐다. 그간의 **백분위** 평균 성적은 인문계열의 경우 2007년 92.31, 2009년 93.68, 2010년 94.92, 2011년 95.58이었고, 자연계열은 2007년 87.62, 2009년 89.25, 2010년 90.25, 2011년 90.56 등이었다.(출처-조선일보 2012.02.12)

백분위는 계열별 전체 응시자 가운데 한 수험생이 얻은 점수(표준점수)보다 낮은 점수를 얻은 수험생들이 전체 응시자 중 몇 %인지 나타낸 수치다. 따라서 백분위는 집단 내에서 수험생의 상대적 위치를 알려준다. 백분위는 교과 성적 산출방식인 석차백분율과는 반대의 개념으로 100에 가까울수록 우수한 성적이다. 예컨대, 자신의 수리영역 표준점수가 138점이고 백분위가 97이면, 138점보다 낮은 점수를 받은 수험생들의 비율이 계열별 전체 응시자의 97%임을 의미한다. 석차백분율로 보면 상위 3%에 해당하는 점수다.

또 전국 백분위를 이용해 자신의 석차도 구할 수 있다. 수리영역 응시자 수가 40만 6549명일 때 백분위가 97인 학생은 '406,549 × (100−97) ÷ 100'의 계산으로 약 1만 2196등이라는 것을 알 수 있다.

백분위를 이용한 석차 산출방식 : 전체 응시자 수 × (100 − 자신의 백분위) ÷ 100

혼동하기 쉬운 백분위와 석차백분율, 백분위점수의 차이

백분위와 석차백분율, 또는 백분위와 백분위점수를 두고 혼동하는 경우가 드물지 않다. 먼저, 백분위와 석차백분율은 반대의 개념이라고 할 수 있다. 표준점수가 138점이고 백분위 97이면 전체 응시자 가운데 97%에 해당하는 높은 점수대에 위치한다고 볼 수 있지만 이를 석차백분율로 표기하면 상위 3%에 해당한다. 즉, 백분위는 100에 가까울수록 우수한 성적을 뜻하지만 석차백분율은 반대로 낮을수록 우수한 성적을 뜻한다.

또한 백분위와 백분위점수도 엄연히 다른 개념이다. 백분위점수는 해당 백분위에 준하는 표준점수를 가리키기 때문이다. 다시 말해 표준점수 138점, 백분위 97이면 백분위 97의 백분위점수는 138이 되는 것이다. 반면 백분위는 1~100사이에서의 자신의 위치를 나타내는 지표이므로 100 이상의 수치가 나올 수 없다.

요즘 뜨는
이색학과, 특성학과

대학 모집요강을 들여다보면 '이런 과도 다 있나' 싶을 만큼 생소한 학과명이 심심치 않게 눈에 띈다. 국문학과, 영문학과, 경제학과 등 학과명만으로도 어떤 교육을 받게 될지 짐작할 수 있는 학과와 달리 최근에는 교과 내용을 짐작하기도 어려운 이색학과와 특성학과들이 개설되고 있다.

이들 이색학과와 특성학과의 최대 강점은 시대 변화에 따른 인력 수요를 적극 반영해 글로벌 시대와 첨단산업 시대를 이끌어나갈 전문인력을 양성하는 데 있다. 그러므로 특정 분야의 전문인력으로 성장하고자 하는 수험생이나 관심 분야에 대한 보다 전문적인 교육을 원하는 수험생이라면 이색학과나 특성학과 진학에 관심을 가져볼 만하다.

■ 성균관대 글로벌경영학과

국제경쟁력을 갖춘 경영 리더를 양성할 목적으로 2009학년도에 설립됐다. 100% 영어로 강의를 진행하며 미국 인디애나대 켈리비즈니스스쿨(Kelley School of Business) 등과 복수학위협정을 체결했다. 교양 및 기초 교육과정은 하버드대, 펜실베이니아대 등 명문대의 커리큘럼을 벤치마킹하고 전공교육과정은 켈리비즈니스스쿨 커리큘럼을 도입해 국제적인 교과과정을 경험할 수 있는 기회를 제공한다. 성적우수자에게 4년간 삼성장학금(등록금 전액) 지급, 입학생 전원에게 재학 중 1년간 기숙사 제공 등의 학생복지혜택이 있다.

■ 성균관대 글로벌경제학과

국제경쟁력을 갖춘 경제 부문 리더를 양성할 목적으로 2009학년도에 설립됐다. 교육과정은 크게 4개의 특성화 분야로 구성되는데 △고급경제이론과 수리적 분석 방법론을 집중 교육하는 이론경제 트랙 △첨단금융기법을 심층교육하는 금융경제 트랙 △국제금융 관련 법률전문가 양성을 위한 법경제 트랙 △경제통상 부문 공직진출 희망자를 위한 공공경제 트랙으로 구분된다. 수시모집 우선선발 합격자에게는 재학 중 전액상학금을 지급하므로 수시모집 우선선발 전형에 응시할 자격이 되고 경제학 전공에 뜻이 있는 수험생에게 좋은 기회가 될 것이다.

■ 한양대 파이낸스경영학과

경영학부가 경영과 관련한 모든 분야를 포괄적으로 교육하는 데 비해 파이낸스경영학과는 금융 분야에 특화된 전문교육을 실시함으로써 금융전문가

양성을 목표로 한다. 파이낸스경영을 전공하면 새로운 금융상품을 개발하는 파이낸셜 엔지니어, 애널리스트(투자분석가), 펀드매니저, 일반 기업 재무담당 등으로 진출하는 데 유망하다.

■ 중앙대 글로벌금융학과

2011학년도에 신설된 글로벌금융학과는 재무금융에 대한 학문적 심화학습과 금융산업에 대한 현장실무능력 배양을 교육목표로 한다. 글로벌금융학과 재학생은 3학년 1학기 이전에 '금융전문가 트랙'과 '재무회계전문가 트랙' 중 하나를 선택해 보다 전문적인 교육과정에 돌입하게 된다. 학생지원제도로는 수능 성적에 따라 4년간 등록금을 50%~전액 지급하는 경영인재 A, B, C 장학제도가 있고 국제금융 중심지 방문연수 등 해외연수도 지원한다.

■ 중앙대(안성) 국제물류학과

국제무역물류 시장에서 활약할 전문인력 양성을 목표로 하는 학과로 졸업 후 국제물류유통업체, 해운, 항만, 무역업체, 정부기관 및 국영기업체 등으로 진출하거나 컨설팅 등 물류전문가로도 활약할 수 있다. 수능 성적에 따라 4년간 등록금 50%~전액을 지원하는 경영인재 D, E 장학제도를 운영하고 있으며 주 10시간 원어민 영어강의도 지원한다. 또 국제무역물류업계에 종사하는 대학원생 및 선배들과 교류할 수 있는 멘토링 프로그램도 실시하고 있다.

■ 숙명여대 테슬(TESL) 전공

숙명여대 영어영문학부 테슬(TESL·Test of English as a Second Language)

전공은 이론과 실무를 겸비한 영어교육 전문인력을 양성할 목적으로 2011학년도에 신설됐다. 모든 전공과목을 100% 영어강의로 진행하고 해외 대학과의 학점교환프로그램도 운영하고 있다. 또 재학 중 해외 대학에서 1년간 공부할 기회가 주어지며 재학생 50%에게 지원되는 다양한 장학금 제도도 마련돼 있다. 졸업 후에는 대학이나 연구기관의 연구원, 교사, 영어교육 관련 프로그램 개발자, 영어정책 관련 전문가 등 다양한 분야에서 활동할 수 있다.

■ 한국외대 영어통번역학부

외국어 전문 교육기관으로 명성 높은 한국외대 통번역학부는 특성화된 커리큘럼과 전문적인 교육방식을 토대로 통번역 분야에서는 최고인력을 배출하는 것으로 잘 알려져 있다. 경쟁률이 높아 지원에 부담이 따르기는 하지만 통역과 번역 관련 전문가나 국제전문가를 희망하는 수험생이라면 일반 어학 관련 학과보다 통번역학부에 진학하는 것이 졸업 이후 진로 결정에 훨씬 유리하다.

■ 한양대 정보시스템학과

정보시스템학은 경영학과 전산학을 접목한 학문이다. 한양대 정보시스템학과는 기업의 생산성을 높일 수 있도록 정보시스템을 기획·설계·구축하는 방법을 교육한다. 이 학과의 졸업생은 전산학 전공자에 비해 경영학적 지식도 갖추게 되므로 기업 진출에 보다 유리할 것으로 전망된다.

■ 중앙대 화학신소재공학부

제품 생산에 필요한 물리적·화학적 처리공정을 다루는 법과 신물질을 개발하는 법을 가르친다. 최근 환경, 바이오, 신소재산업 등에서 화학공업의 중요성이 강조되고 있으므로 이 학부 졸업생은 한층 다양한 분야에 진출할 수 있을 것으로 기대된다. 최첨단 산업으로 꼽히는 반도체, LCD, PDP 산업도 이 학부 졸업생을 필요로 하는 분야다.

■ 국민대 생명나노화학과

바이오기술, 나노기술을 함께 가르친다. 학부생도 산학협동연구개발 프로그램 등에 참여해 전문성을 키울 수 있도록 현장실습 중심으로 교육하는 것이 특징이다. 졸업생은 화학 관련 연구소의 연구직, 산업체 기술직, 제약회사 사원, 보건위생 및 환경 관련 공무원, 식품회사 연구원 등으로 일할 수 있는 지식을 갖추게 된다.

Q&A로 풀어보는
수능 궁금증

Q1 표준점수가 가장 높은 수리영역의 점수를 잘 받으면 제일 좋은 건가요?

A1 표준점수가 높다는 것은 어려운 시험에서 평균보다 높은 점수를 받았다는 뜻이므로 당연합니다. 일반적으로 표준점수의 최고점이 가장 높은 과목이 수리영역인데 언어나 외국어영역보다 난도가 높기 때문입니다. 난도 높은 수리영역 점수가 좋으면 다른 영역보다 유리하고 정시모집에서 그 파괴력은 더욱 큽니다.

그런데 표준점수보다 더 영향력이 큰 것이 있는데 바로 과목별 반영비율입니다. 특히 인문계보다 자연계의 반영비율이 중요합니다. 인문계는 학교마다 조금씩 다르기는 하지만 언어/수리/외국어의 반영비율이 비슷한 편입니다. 반영비율이 비슷하므로 표준점수가 높은 수리영역을 잘하는 것이 유리합니다. 그러나 자연계의 경우는 과목별 반영비율에 차이가 많습니다. 연세대는 언어/수리/외국어 중 수리영역만 표준점수에 1.5배를 곱한 총점을 산출하고 고려대와 성균관대는 정시 우선선발에서 수리영역 반영비율이 각각 40%, 50%에 달합니다. 이들 대학의 일반선발에서도 수리영역의 비중은 역시 높습니다. 이렇게 자연계에서 수리영역은 표준점수와 반영비율 방식이 합쳐지면서 엄청난 폭발력을 갖습니다.〈대학별 환산점수 참고〉

Q2 원점수가 다른데 표준점수가 같을 수도 있나요?

A2 동일한 과목의 원점수가 같다면 계산식이 동일하기 때문에 무조건 같은 표준점수가 나옵니다. 그러나 표준점수가 같아도 원점수는 다를 수 있습니다. 표준점수 계산에서는 소수점도 나올 수 있지만 표준점수를 표기할 때는 소수점 첫째 자리에서 반올림해 정수로 표현하기 때문에 일어나는 일입니다. 예를 들어 원점수 100점의 표준점수가 150.4(반올림 불가)이고 원점수 99점의 표준점수가 149.6(반올림 가능)이라면 원점수는 100점과 99점으로 다르지만 표준점수는 150점으로 같아집니다. 결과적으로 원점수가 같다면 표준점수 역시 동일하지만 표준점수가 같다고 원점수까지 동일한 것은 아니라고 정리할 수 있습니다.

Q3 탐구영역은 과목별로 표준점수가 모두 다르잖아요. 그런데 학교에서는 어떻게 표준점수를 반영하죠?

A3 탐구과목은 각각 다른 표준점수를 가지고 있습니다. 과목별 난이도가 다르기 때문입니다. 또한 응시하는 인원수도 다르기 때문에 각 과목의 표준점수가 다양하게 나옵니다. 대학은 이를 동일한 기준으로 적용하기 위해 해

당 백분위를 기준으로 적절히 보완된 표준점수를 부여합니다. 이 부여된 점수를 탐구 보정점수라고 합니다. 난도가 낮아서 사탐 표준점수가 낮게 나온 과목은 약간 상향조정하고, 난도가 높아 표준점수가 높게 나온 것은 하향조정하는 방식으로 보정합니다. 이렇게 선택과목의 난이도에 따른 유불리를 보정하는 선에서 점수를 부여합니다. 각 대학의 보정점수는 수능성적이 발표되고 학교별 원서 접수를 시작하기 전에 학교 홈페이지를 통해 발표합니다.

Q4 탐구영역에서 '물보정'과 '불보정'이라는 말을 자주 쓰던데 무슨 뜻인가요?
A4 입시설명회에서 주로 쓰이는 용어로 공식적인 개념어는 아닙니다. 먼저 '물보정'이란 탐구 백분위에 따른 보정점수의 차이가 크지 않은 것을 말하고, '불보정'은 탐구 백분위에 따른 보정점수의 차이가 큰 것을 말합니다. 대학에서는 매년 탐구영역 보정점수를 발표하는데 그 수치는 조금씩 바뀝니다. 이 보정점수 변화에 영향을 미치는 것이 언어/수리/외국어영역의 난이도라고 할 수 있습니다.

수능시험이 쉬우면 변별력이 떨어지고 어려우면 변별력이 생기는 것은 당연합니다. 변별력 있는 시험이면 괜찮지만 만약 수능시험이 너무 쉬워 언어/수리/외국어 성적만으로 합격자를 가려내기 어렵고 심지어 동점자까지 속출한다면 대학으로서는 합격자 선발에 곤란을 겪을 수밖에 없습니다. 그래서 대학은 매년 수능시험의 수준을 파악한 후 탐구영역의 보정점수 차이를 통해 변별력을 높이려고 하는 것입니다. 따라서 수능시험이 쉬워질수록 탐구영역은 '불보정'이 될 가능성이 높습니다.

Q5 수능최저학력기준은 모두 등급만 적용하는 건가요?

A5 언어영역 1등급, 수리영역 1등급 하는 식으로 등급을 적용하는 대학이 많지만 백분위를 적용하는 대학도 있습니다. 서강대의 경우 수시 논술 중심 전형 우선선발에서 수능최저학력기준으로 백분위를 합산해 적용합니다. 인문사회계열은 언어/수리/외국어의 백분위를 합쳐 288 이상, 경제경영계열은 292 이상을 요구하는 식입니다. 만약 언어영역 백분위 100, 수리영역 97, 외국어영역 92라면 합산 백분위가 289가 되므로 인문사회계열에는 지원 자격이 되지만 경제경영계열에는 지원 자격이 되지 않습니다.

성균관대는 2013학년도 수시 일반전형의 우선선발 수능최저학력기준으로 등급과 백분위를 합산해 병행 적용합니다. 예를 들면 글로벌경영학과의 경우 언어/수리/외국어의 등급 합 3등급 이내이거나, 수리/외국어의 백분위 합 198 이상을 요구하는 식입니다.

Q6 수능시험에서 만점자를 영역별로 1% 선으로 유지하려고 노력한다는데 이런 일이 어떻게 가능한가요?

A6 1%를 정확하게 유지할 수는 없으나 1% 선이 유지되도록 출제 난이도를 조절할 수는 있습니다. 수능 출제위원들은 출제에 앞서 최근 3년간 출제된 문항들을 중심으로 출제진이 기대했던 정답률과 실제 정답률을 심층분석해 난이도 조절의 기초자료로 참고합니다. 이를 통해 영역별 만점자를 1% 선으로 유지하려고 노력하지만 출제자의 기준과 수험생의 수준 사이에 격차가 심하면 난이도 조절에 실패할 수 있습니다.

즉, 출제자는 70% 정도의 정답률을 기대했는데 실제 정답률이 90%에 달하거나 반대로 90%의 정답률을 기대했는데 실제는 70% 정답률에 그친다면 난이도 조절에 실패한 예라고 할 수 있습니다. 이렇게 난이도 조절에 실패해 수능이 쉬우면 학생선발에 변별력이 떨어지고 반대로 수능이 어려우면 공교육 신뢰 문제가 사회적으로 대두되곤 합니다.

Q7 EBS 교재 연계율 70%의 의미가 무엇인가요? EBS 교재에서 다룬 문제를 수능시험에 70% 출제한다는 뜻인가요?

A7 EBS 교재 70% 연계출제 방침은 공교육 과정에 충실한 EBS 교재와 강의를 수능과 연계함으로써 사교육 의존도를 낮출 목적으로 시작됐습니다. 연계비율은 문항 수 기준으로 70% 수준이지만 그렇다고 EBS 교재에서 다룬 문제를 수능에서 그대로 출제하지는 않습니다. 교재에서 다룬 주요 개념과 원리 등을 활용해 변형된 문항을 출제하거나 교재에 실린 그림과 도표 등을 활용해 변형된 문항을 출제하는 식으로 대부분 변형된 형태로 출제됩니다. 그래도 EBS 교재와 강의를 중심으로 수능을 준비한 수험생에게 유리한 방침임은 틀림없습니다.

Q8 평가원 모의고사를 꼭 봐야 하는지요?

A8 한국교육과정평가원에서 주관하는 모의고사를 매년 2회 시행합니다. 이 모의고사를 통해 수험생은 자신의 수능 대비 정도를 파악할 수 있고 실제 수능시험에서 출제될 수 있는 문제 유형도 접할 기회를 갖게 됩니다. 또 수능시험을 주관하는 평가원 입장에서는 2번의 모의평가를 통해 응시 예정자의 학력 수준을 파악하고 이를 바탕으로 수능시험의 난이도를 조절할 수

있습니다. 그러므로 평가원 모의고사는 수능 대비를 위해서도, 수능의 적정 난이도 유지를 위해서도 꼭 필요한 과정이라고 할 수 있습니다.

Q9 매년 수능 시행일이 목요일로 고정돼 있는데 특별한 이유가 있나요?

A9 특별한 이유는 없습니다. 다만, 수능시험을 시행하며 축적된 경험을 토대로 문제지 배부와 답안지 회수 등을 하는 데 목요일이 가장 효율적이라고 판단돼 관계기관이 협의해 결정한 사항이라고 합니다.

Q10 수능 기출문제와 평가원 모의고사는 왜 해설지를 제공하지 않습니까?

A10 문제풀이 방식의 획일화를 방지하기 위해섭니다. 현행 수능시험은 영역과 문항별로 차이가 있기는 하지만 응시자가 독창적인 접근 방식이나 다양한 문제해결 능력을 발휘할 수 있도록 유도하는 출제 경향을 띠고 있습니다. 해설지를 제공하는 것은 곧 획일화된 모범답안을 제공하는 것이므로 수능시험이 지향하는 출제 경향을 거스르는 결과를 낳습니다.

Q11 수능 외국어영역이 NEAT(국가영어능력평가시험)로 대체된다고 하는데 언제부터 대체되나요?

A11 한국교육과정평가원은 NEAT 모의고사와 앞으로 치러질 평가 등을 종합적으로 고려해 2012년 말에 수능 외국어영역을 NEAT로 대체할지를 결정할 예정입니다. 만약 대체하는 것으로 결정되면 모든 대학이 2016학년도 대학 입학 전형에 NEAT를 수능 외국어영역 대신 활용하게 됩니다.

그리고 NEAT의 대입 활용 모형을 개발하기 위하여 2013학년도 대학입시에서 일부 대학의 특기자전형의 지원자격 및 전형요소로 NEAT를 시범 반영할 예정입니다.

Q12 2012학년도 수능시험부터 이미지 스캐너 방식이 도입돼서 예비 마킹이 안 된다고 들었습니다. 빨간색 펜으로 예비 마킹을 하는 것도 안 되나요?

A12 2012학년도 수능부터는 기존의 OMR 판독기가 아니라 이미지 스캐너로 채점을 합니다. 컴퓨터용 사인펜만 읽어내는 OMR 판독기와는 달리 이미지 스캐너는 모든 필기 흔적을 읽어내기 때문에 예비 마킹을 했을 경우 반드시 수정액이나 수정테이프로 예비 마킹의 흔적을 지워야 합니다.

Q13 실제 수능시험에서는 모의평가 때와는 달리 왜 문제지를 회수하나요?

A13 수험생이 작성한 답안지에 오류가 있는 경우, 채점과정에서 이를 확인하기 위한 근거 자료로 활용하기 위해 문제지를 회수하고 있습니다. 예를 들어, 답안지 문형 표기란(홀수형, 짝수형)에 오류가 있을 때 이를 회수한 문제지와 대조해 확인합니다. 수험생의 부주의로 말미암아 피해를 볼 수 있는 선의의 수험생을 보호한다는 취지에서 수능 문제지를 회수하는 것입니다.

학생부 관리하기

입학사정관전형에서 절대적인 영향력을 발휘하는 것이 바로 학생부.
교과 성적이 나소 부족하더라노 관리와 활용 방법에 따라
기대 이상의 성과를 낼 수 있다.
하나도 놓칠 수 없는 학생부 관련 개념어 22.

학교생활기록부 _ 교과영역 _ 단위수 _ 학생부 원점수 _ 이수단위 가중평균
표준편차 _ 석차백분율 _ 동석차 _ 석차등급 _ 비교과영역 _ 출결상황 _ 수상경력
진로희망사항 _ 창의적 체험활동 _ 봉사활동 _ 독서활동상황
행동특성 및 종합의견 _ 자기소개서 _ 학업계획서 _ 포트폴리오
입학사정관제 _ 입학사정관 _ 학생부우수자전형

학교생활기록부

학생의 학교생활 전반에 대한 기록부.

별칭 및 축약어	학적부, 학생부, 생기부
관련 검색어	입학사정관제, 대학별고사, 창의적 체험활동, 봉사활동, 교과영역, 비교과영역

> 서울의 한 대학 입학사정관은 "에듀팟은 교사가 직접 작성하는 **학생부**와 비교해서 신뢰성이 떨어질 수밖에 없다. **학생부**만으로도 학생을 평가하는 데 큰 무리가 없다"면서 "에듀팟에 기록할 활동을 만들기 위해 비교과활동을 하는 과정에서 사교육이 유발되거나 에듀팟 내용을 대필해주는 일이 벌어질 가능성이 있어 앞으로도 대입자료로 받지 않을 계획"이라고 말했다. (출처—동아일보 2012.02.14)

학교생활기록부는 학생의 기본 인적사항과 성적, 특별활동, 출결상황, 행동특성, 신체적 발달상황 등 학생의 학교생활 전반에 대한 기록부로 담임교사가 작성한다. 학생에 대한 기본 인적과 학적 등이 기재된 학교생활기록부와 보다 상세한 정보가 기재된 학교생활세부상황기록부로 나뉘는데 통상적으로 기본기록부를 학교생활기록부I, 세부상황기록부를 학교생활기록부II라고 한다.

이 중 입시에서 주요한 참고자료로 활용되는 것은 학교생활기록부II 쪽이다. 여기에는 교과영역과 비교과영역에 대한 상세평가가 기록되는데 교과영역은 각 과목 성적, 비교과영역은 교내·외 수상실적(교과 관련 교외 수상경력은 제외)과 봉사활동실적, 특별활동, 독서활동, 자격증 취득상황(토플, 토익, 텝스 등은 제외), 특기, 진로희망 등이 기재된 자료라고 할 수 있다.

학생부는 정시모집 우선선발처럼 수능 성적만으로 신입생을 선발하는 전형을 제외한 대부분의 전형에서 참고자료로 활용된다. 최근에는 학생부의 실질적인 영향력이 점차 낮아지는 추세를 보이고 있지만 입학사정관전형에서는 여전히 절대적인 영향력을 발휘한다.

이렇게 학생부의 반영비중이 높은 전형에서 중시하는 것은 비교과영역보다 교과영역이다. 즉, 수상 실적이 화려하고 봉사활동 등에서 높은 평가를 받아도 교과 성적이 나쁘면 불리하다는 뜻이다. 교과 성적은 학교생활의 기본인 수업에 얼마나 충실했는지를 보여주는 지표일 뿐 아니라 대학의 학습과정을 따라갈 수 있는지를 가늠할 수 있는 근거가 되기 때문이다. 따라서 학생부전형은 물론 학생의 리더십이나 특기, 봉사정신 등을 주요하게 평가하는 전형에서도 학생부의 교과 성적을 먼저 확인한 후 서류심사와 면접고사를 진행하는 것이 일반적이다.

(예시) 학교생활기록부에 표기된 교과영역과 비교과영역

학생부 비교과 영역 예시

7. 창의적 재량활동상황

학년	활동영역 또는 주제	이수시간	특기사항
1	역사논술	16시간	역사적 상상력과 종합적 사고력을 기
	우리역사 바로알기	16시간	우리 역사의 사건들을 재조명하고 옴.

8. 특별활동상황

학년	영역	시간	특별활동상황 특기사항
1	자치활동 서클활동 행사활동	21 20 15	1학기 회장, 학급별 정부회장 선서(2008.0. (2008.03.29),진로탐색검사(2008.04.05) (2008.06.21),여름방학 교육계획 및 생활 ' 상연(2008.09.20),다요인인성검사(2008.((2008.05.17),계열 및 과정선택안내(2008 참가(2008.04.19),교내마라톤대회참가(2C (2008.09.04),제14회 우리 문화와 역사 독 논자료 참가(2008.10.23),일본오사카와 큐 (2008.10.30~2008.11.01)
	계발활동	28	(법연구반) 법 문제에 대한 관심이 많고 적 통규와 사례에 대하여 충실하게 조사, 발표후
	봉사활동		제3기 환경부 생물자원보전 청소년 리더 2학기 학급회장(2009.08.17~2010.02.06 에 최선을 다하여 학급 학습분위기 조성에 1

학생부 교과 영역 예시

10. 교과학습발달상황

[1학년]

교과	과목	1학기			2학기			비고
		단위수	원점수/과목평균 (표준편차)	석차등급 (이수자수)	단위수	원점수/과목평균 (표준편차)	석차등급 (이수자수)	
국어	국어	4	85/62.6(22.3)	3(566)	4	84/53.4(24.6)	2(578)	
도덕	도덕	1	87/63.3(16.5)	1(566)	1	92/61.3(20.7)	1(578)	
사회	국사	2	97/55.5(26.6)	1(566)	2	93/50.2(25.2)	1(578)	
사회	사회	3	91/51.2(23.7)	1(566)	3	96/52.4(26)	1(578)	
수학	수학10-가	4	100/54.4(29.1)	1(566)				
수학	수학10-나				4	91/45.2(27.5)	1(578)	
과학	과학	3	90/61.4(19.6)	2(566)	3	91/61.8(19.2)	2(578)	
기술·가정	기술·가정	3	88/58.2(17.2)	2(566)	3	97/71(17.5)	1(578)	
체육	체육	2	100/82.9(8.8)	1(566)	2	97/80.8(8.2)	1(578)	
음악	음악	1	98/81.3(10.5)	1(566)	1	100/79(10.6)	1(578)	
미술	미술	1	98/79.7(11.1)	1(566)	1	97/79.6(9.1)	1(578)	

또 비교과영역과 교과영역과의 연계성도 중요하다. 비교과영역에서 학생의 장점으로 부각되는 분야가 실제 교과 성적에서도 의미 있는 결과를 내고 있는지를 주의 깊게 살펴보기 때문이다. 독서활동이나 논술지도에서 좋은 평가를 받은 학생의 실제 국어 점수, 경제 관련 전공을 원하는 학생의 수학 점수 등을 참고하는 식이다. 특히 외국어 우수자를 선발하는 특별전형이라면 관련과목에서 좋은 성적을 내는 것이 더욱 중요하다. 공인 외국어 성적인 IBT 점수가 110이 넘는데 교과영역의 외국어(영어) 성적이 4~5등급에 불과하다면 입학사정관은 공인 외국어 점수에 비해 저조한 성적을 근거로 학교수업에 불성실한 학생으로 평가할 것이다. 자기소개서 등을 통해 합당한 이유를 소명할 수 있다면 크게 불리하지 않을 수도 있지만 그렇지 않을 경우 학생부 심사에서 감점요인이 되기 십상이다.

이처럼 학생부에는 수험생에 대한 다양한 정보가 기록되기 때문에 학생부 성적의 반영비중이 높은 전형에 지원할 예정이라면 일찍부터 학생부 관리를 할 필요가 있다. 학생부는 교육행정정보시스템인 나이스(NEIS: http://www.neis.go.kr/)를 통해 작성, 관리되고 있어 인터넷으로 조회할 수 있으므로 학부모와 학생이 수시로 학생부 기록사항을 확인할 수 있다.

창의적 체험활동 종합지원시스템인 에듀팟(edupot: http://www.edupot.go.kr/)이 비교과영역 활동상황에 대한 학생 전용 기록 공간이라면 나이스는 에듀팟의 비교과영역을 참고해 교과영역과 비교과영역에 대한 종합적인 평가를 기재하는 교사 전용 기록 공간이라고 할 수 있다. 따라서 학생과 학부모가 나이스의 기록을 직접 정정할 수는 없지만 수정이 가능한 기한 내에 교사에게 정정 요청을 할 수는 있다.

결국, 학생의 비교과영역이 교과영역과 연관성을 갖고 있는지, 진로를 희망하는 분야와 교과영역, 비교과영역의 일관성이 있는지 등을 확인하고 봉사활동이나 독서활동 등이 학생부에 정확하게 기재돼 있는지를 확인해 필요할 경우 정정을 요청하는 것이 학생부를 관리하는 방법이다. 단, 정정에 대한 합당한 근거 없이 내용을 수정하거나 허위사실을 기재할 경우 교사가 법적 처벌을 받을 수 있으므로 학생부 정정 요청 시에는 어디까지나 합당한 정정 사유가 뒷받침돼야 한다.

교과영역

교육의 목적에 맞게 가르쳐야 할 내용을 계통적으로 구성한 교육과정의 범위.

별칭 및 축약어　학생부 교과, 내신
관련 검색어　입학사정관제, 비교과영역

> 66 서울대 정시모집은 기존 발표대로 2단계 전형에서 학생부 교과부분 비율을 10% 포인트 줄이고 수능 비율을 10%포인트 늘렸다. 수능 20%, 학생부 50%(**교과** 40%, 비교과 10%), 논술 30%이던 반영비율을 수능 30%, 학생부 40%(**교과** 30%, 비교과 10%), 논술 30%로 바꿨다. 개정 교육과정이 적용됨에 따라 학교생활기록부 **교과영역**은 심화와 보통 구분 없이 석차등급별 점수 산출방식을 단순화했다.(출처-연합뉴스 2011.03.17) 99

　　　　학교 정규 수업시간에 학습하는 교육과정을 교과영역이라고 한다. 국어, 도덕, 사회, 수학, 과학, 기술·가정, 체육, 외국어, 음악, 미술이 교과영역에 해당하며 이들 교과의 성적을 일반적으로 '내신 성적'이라고 하기도 한다. 교과영역에서 최상위의 성적을 유지하고 있다면 당연히 수시모집 학생부전형에 지원하는 것이 바람직하다. 왜냐하면 교과 성적이 최상위권인 수험생의 경우 수능성적은 최저학력기준을 만족시키기만 하면 상대적으로 정시에 비해 수월하기 때문이다.

일부 대학에서는 수능최저학력기준을 높여놓고 학생부전형 우선선발을 실시하기도 하므로 수능 성적까지 좋다면 유리한 것이 사실이다.

그다음, 교과 성적이 최상위권은 아니어도 우수한 편이라면 입학사정관전형을 노려볼 만하다. 입학사정관전형은 교과영역과 비교과영역을 함께 평가하고 자기소개서와 면접 등을 통해 수험생의 전반적인 상황과 능력을 판단해 선발하므로 교과영역만을 평가받을 때보다 상대적으로 다양한 장점을 부각할 수 있기 때문이다. 간혹 비교과영역만 좋아도 입학사정관전형에 유리할 것으로 착각하는 학생들이 있는데 앞서도 설명한 것처럼 교과영역이 우선적으로 반영되므로 비교과영역에서 아무리 좋은 평가를 받아도 교과 성적이 저조하면 불리하다는 사실을 명심해야 한다.

이왕이면 고등학교 시절 내내 우수한 교과 성적을 유지하는 것이 좋겠지만 그렇지 못할 경우 고학년으로 갈수록 성적이 점차 떨어지는 쪽보다는 향상되

알쏭달쏭 헷갈려요! 교과와 과목

대학별 전형 요구사항을 살펴볼 때 사소해 보이는 용어 때문에 전형방법을 이해하지 못하는 사례가 흔히 발생한다. '교과'와 '과목'도 혼동하기 쉬운 용어 가운데 하나다.

가령 숙명여대의 정시모집 학생부 반영방법 설명에는 '국어교과, 수학교과, 사회교과, 외국어(영어)교과에 속한 석차등급 상위 각 3과목(총 12과목) 반영'이라는 대목이 나온다. 여기서 교과와 과목을 구별하지 못하면 반영방법 자체를 이해할 수 없게 된다. 학생부 교과영역을 살펴보면 교과와 과목이 분리돼 있음을 알 수 있다. 국어교과 안에 국어, 문학, 국어와 생활, 독서 등의 과목이 존재하고 사회교과 안에 국사, 경제, 한국지리, 사회문화, 세계사, 세계지리와 같은 과목이 존재하는 식이다. 교과는 상위개념이고 과목은 하위개념이라고 할 수 있다.

따라서 '국어교과에 속한 석차등급 상위 3과목'이란 국어교과 중에서 문학, 국어와 생활, 독서 과목의 성적이 우수하다면 이 3과목의 성적만 학생평가에 반영한다는 뜻이다. 수험생이 학생부를 제출하면 각 대학에서 정한 학생부 반영방법에 따라 자동 적용되므로 수험생이 석차등급이 높은 과목을 따로 분류할 필요는 없다.

이렇게 학생부 성적이 선택적으로 반영되면 학생 입장에서는 각 교과에 속한 모든 과목을 잘할 필요가 없기 때문에 내신(교과) 성적 관리에 부담을 덜 수 있는 반면 학생부의 변별력은 떨어지는 단점이 있다.

는 쪽이 유리하다. 고학년으로 갈수록 성적이 향상된다는 것은 학생의 잠재
력과 노력, 성장 가능성 등을 보여주는 좋은 근거가 되기 때문이다.

단위수

교육과정에서 이수해야 하는 학점.

| **별칭 및 축약어** | 이수단위 |
| **관련 검색어** | 학생부 원점수, 표준편차, 석차등급 |

> 66 학생부 표시방법에서 9등급 석차등급 표기를 없애고 6단계 성취도를 A-B-C-D-E-F로 구분해 학생부에 기재한다. 성적 부풀리기를 방지하고 평가의 난이도와 점수 분포 등에 대한 정보를 주기 위해 원점수, 과목평균, 표준편차도 제공한다. 체육이나 예술교과는 지금처럼 성취도만 기재하되, 명칭만 '우수·보통·미흡'에서 'A·B·C'로 바꾼다. 교양교과와 기초교과의 기본과목도 현행대로 **단위수**와 이수 여부만 기재한다.(출처-연합뉴스 2011.12.13) 99

학생부 교과영역에서 단위수란 과목별로 배당된 수업시간을 말한다. 예를 들어 국어 4단위라면 일주일에 국어시간이 4시간이라는 뜻이다. 단위수는 과목별로 해당 과목을 습득하는 데 필요한 적정 시간을 근거로 지정한다.

수업시간 배당에 불과한 단위수는 그 자체로는 큰 의미가 없어 보이지만 '최소이수단위'를 요구하는 대학에 지원할 때는 반드시 고려해야 할 사항이다.

서울대의 경우 '필요최소이수단위'라는 기준을 적용하는데 이는 고등학교 과정에서 반드시 이수해야 하는 기준학점을 제시한 것이다. 일반계 고등학교에서 3년간 이수하는 단위수는 216단위다. 이 단위수 내에서 교과별로 이수해야 할 최소단위수를 적용하고 있다.

용어 그대로 '필요최소이수단위'이므로 학교수업에 성실히 임한 학생이라면 이수단위를 충족시키지 못한 경우는 거의 없다.

다만 과학고, 외국어고, 국제고 등 특수목적고등학교나 자율형고등학교는 학교 특성에 따라 특정 과목을 증감 운영하는 경우가 많기 때문에 최소이수단위를 별도로 적용한다. 서울대 인문·자연계열 모집단위에 지원하는 특목고나 자율형고등학교 출신에게는 사회교과와 과학교과에 한해 교과별로 각 16단위(총 108단위)를 적용하는 식이다.

(예시) 2013학년도 서울대학교 필요최소이수단위 기준 반영방법

〈붙임 2〉 교과 이수수준

1. 교과(군)별 필요최소이수단위 기준

교과(군)	인문·자연계열 모집단위	예술·체육계열 모집단위
국어	20	16
사회(역사/도덕 포함)	22(16)	16
수학	20	16
과학/기술·가정	22(16)	16
체육	4	4
예술(음악/미술)	4	4
영어	24	16
제2외국어/한문	4	4
합계	120(108)	92

학생부 원점수

학교생활기록부에 기재되는 과목별 점수.

별칭 및 축약어 점수, 성적
관련 검색어 학교생활기록부, 교과영역

> 교육계에서는 절대평가에 따른 변별력 약화를 우려한다. 고교 내신 절대평가제는 1996년 도입됐으나 내신 부풀리기 문제로 2004년 상대평가로 전환됐다. 내신 부풀리기를 막기 위해 한국교육개발원은 성적표에 과목별 **원점수**와 평균점수를 당분간 기재하는 방법을 제시했다. 또 성적관리 부실 학교에는 주의, 경고를 주고 과도한 성적 부풀리기를 한 교원은 성적 관련 비위 행위로 간주해 처벌하는 등의 방안도 내놨다. (출처—동아일보 2011.02.19)

학생부 교과영역의 원점수는 과목별 중간고사, 기말고사, 수행평가 성적을 각각의 비율에 따라 합산한 점수를 의미한다. 과목별 성격에 따라 그 비율에 차이가 있으나 보편적으로 중간고사 40%, 기말고사 40%, 수행평가 20%을 합산해 교과 성적이 산출되며 이렇게 평가된 점수가 학생부 교과학습발달상황에 등새되는 원점수가 되는 것이다.

학생부 원점수는 활용하는 방식에 따라 평가방식이 달라질 수 있다. 원점수 그대로 평어(수,우,미,양,가 혹은 A,B,C,D,E,F)로 평정한다면 절대평가 방식이 된다. 그러나 절대평가는 내신 부풀리기라는 부작용을 낳을 수 있기 때문에 2008 대입제도 개선 이후 학생부 교과는 상대평가 방식으로 기록되고 있다. 석차등급제가 도입되면서 원점수는 석차등급 산출에 활용되기 때문에 상대평가 기초지표로 볼 수 있다. 학생부 교과 성적에는 원점수와 함께 과목 평균, 표준편차, 석차등급, 이수자 수를 함께 기재한다. 따라서 원점수를 과목 평균점수와 비교하면 평균보다 좋은 성적을 받았는지, 아닌지를 판단할 수 있게 되었다.

이수단위 가중평균

해당 과목의 수업 시수에 따라 성적에 가중치를 부여하는 제도.

■ **관련 검색어**　　석차등급, 학생부 원점수

> 66 연세대 인문·사회계열의 지원 자격이 완화됐는데, 외국어교과 등 이수단위 36단위 이상을 32단위 이상으로, 외국어교과의 **이수단위 가중평균** 등급 2.5등급 이상을 2.0등급 이상으로 조정했다. 2013학년 입시부터는 글로벌리더전형을 일반우수자전형에 통합해 완전히 폐지할 계획이다. 외국어고는 학생들의 입학 기회가 줄어들 수밖에 없다는 점에서 불리해졌다고 할 수 있다.(출처–한겨레 2010.11.22) 99

　　　　이수단위 가중평균은 단위수가 높은 과목 성적에 가중치를 부여하는 것이다. 이는 학생부 원점수에는 반영되지 않는 과목의 중요도를 반영하는 방식이라고 할 수 있다. 예를 들어 단위수 4인 국어에서 80점을 받고 단위수가 1인 도덕에서 100점을 받았을 때 원점수상에서는 도덕 점수가 국어보다 높지만 단위수에 차이가 나는 과목을 동등한 잣대로 평가하는 것은 누가 봐도 불합리한 평가방식임을 알 수 있다.

따라서 각 과목 원점수에 단위수를 곱해 점수를 다시 계산하는 방식이 적용되는데 이를 환산점수라고 한다. 이수단위 가중평균은 각 과목의 환산점수를 다시 각 과목의 단위수로 나눈 값이다. 계산식은 다음과 같다.

환산점수 = 원점수×단위수

$$\text{이수단위 가중평균} = \frac{\text{각 과목의 환산점수를 더한 값}}{\text{각 과목 단위수를 더한 값}}$$

이를 실제 사례에 대입하면 아래 도표와 같은 결과가 산출된다. 즉, 단위수가 높은 과목에서 좋은 점수를 내는 것이 유리해지는 구도가 되는 것이다.

(예시) 이수단위에 따른 가중평균 유·불리 비교

학생 A				학생 B			
과목	단위	원점수	환산점수	과목	단위	원점수	환산점수
도덕	1	100점	100점	도덕	1	80점	80점
국어	4	80점	320점	국어	4	100점	400점
이수단위 가중평균 $= \dfrac{1\times100+4\times80}{1+4} = 84$점				이수단위 가중평균 $= \dfrac{1\times80+4\times100}{1+4} = 96$점			

표준편차

각 개인의 원점수가 평균으로부터 얼마나 떨어져 있는지를 양적으로
표시하는 수치.

■ **관련 검색어**　　석차등급, 단위수

❝ 학생부에서 9등급 석차등급 표기를 없애고 6단계 성취도를 A–B–C–D–E–F로
구분해 기재한다. 성적 부풀리기를 방지하고 평가의 난이도와 점수 분포 등에 대한
정보를 주기 위해 원점수, 과목평균, **표준편차**도 제공한다. 그러므로 학생부상에
A(286) 표시와 함께 95/78(12)이라는 숫자가 표기된다. 286명이 본 시험에서 성취도
가 A이며 원점수 95점, 과목 평균 78점, 해당 과목의 **표준편차**는 12점이라는 뜻이
다.(출처–연합뉴스 2011.12.13) ❞

　　　학생부 교과영역에 원점수, 과목 평균과 함께 기재되는 항목이
표준편차다. 표준편차란 학생의 원점수가 평균으로부터 얼마나 떨어져 있는
지를 양적으로 표시하는 숫자를 말하는데 평균값에 가까울수록 표준편차가
낮고 평균에서 많이 떨어져 있을수록 표준편차는 커지게 된다. 과목의 중요
도를 반영하는 것이 이수단위 가중평균이라면 표준편차는 해당 집단의 수준
과 과목의 난이도를 반영하기 위한 평가방식이라고 할 수 있다.

표준편차는 대학에서 내신 성적을 반영할 때 주요하게 참고하는 항목이다.
원점수가 유사해도 표준편차를 참고하면 해당 학생이 얼마나 우수한 학생들

(예시) 학교별 표준편차 비교

구분	과목	단위수	원점수	과목평균	표준편차	내신등급	이수자수
학생 A	영어독해	4	98	96.2	2.9	4	440
학생 B	영어II	4	96	56.2	20.7	1	369

학생 A : 서울 모 외국어고 재학생 / 학생 B : 지방 모 일반고 재학생

사이에서 그만한 점수를 냈는지를 파악할 수 있기 때문이다.

각각 같은 단위수의 과목에서 원점수 98점과 96점을 얻었지만 학생 A의 표준편차는 2.9인 반면 학생 B의 표준편차는 20.7이나 된다. 표준편차가 큰 학생 B는 1등급, 표준편차가 작은 학생 A는 4등급의 내신등급을 기록하고 있

특목고 내신 우대의 비밀

외국어고나 비평준화 명문고 등의 내신 성적이 좋지 않은 학생들에게 '가산점'을 주는 내신 성적 산출방식은 이렇다. (2011년, 한 사립대학의 소송 참고)

해당 대학은 5가지 상수값을 이용해 3단계 보정을 거치며 가산점을 얹어주는 방식을 적용했는데 산출방식은 다음과 같았다. 재판과정에서 공개된 실제 수치를 그대로 예로 들면, 5가지 상수값(α_1 α_2 κ_1 κ_2 κ_3)을 대입한 내신 성적 산출식에 일반고 A학생(등급 평균 2.89)과 외국어고 B학생(등급 평균 2.99)의 성적을 넣어 환산하는 방법이었다. 그 결과 1단계 보정에서는 4.63점이었던 총점 차이(일반고 88.94, 외국어고 84.31)가 3단계 보정을 거치면서 0.65점(일반고 그대로, 외고 88.29)으로 크게 줄어들게 된다.

이 과정을 거치면서 일반고 학생들의 점수는 그대로 유지된 반면 이른바 명문고 학생들의 성적은 올라가는 결과를 낳았고 사실상 일반고 출신 학생들의 내신 성적 순위가 뒤로 밀리게 되었다. 이렇게 서열이 뒤바뀌는 이유는 해당 과목의 성적을 보정하면서 전체 지원자의 표준편차를 1등부터 꼴등까지 한 줄로 세운 다음 해당 학생의 표준편차가 몇 등이나 되는지를 산출해 표준편차가 작은 순서대로 상위 50% 안에 들 경우에만 지원자의 성적을 보정했기 때문이다. 특히 표준편차가 최상위(작은 순서) 안에 들 경우 가산점을 최대로 주도록 상수값을 정해, 외국어고나 자율형사립고 등 표준편차가 작은 상위권 학교 학생들이 최대의 수혜자가 된 셈이다.

일부 사립대학에서 아직도 이런 식의 고교등급제를 하고 있을 거라는 의구심이 든다고 말하는 교육전문가들도 있지만, 대학은 이런 내신 성적 산출식을 전면 부정하고 있다.

다. 이렇게 A, B 학생의 내신등급을 단순비교하면 학생 B의 내신 성적이 단연 우수해 보인다. 그러나 학생 A는 과목 평균이 96.2나 되는 우수한 집단에서 경쟁한 결과인 반면 학생 B는 과목 평균이 56.2에 불과한 집단에서 경쟁한 결과라는 점을 고려하면 학생 A가 억울한 입장임을 알 수 있다.

과연 위의 결과를 두고 A학생보다 B학생이 우수하다고 말할 수 있을까? 그럴 수는 없을 것이다. 학교별 학력차가 있음을 무시하고 단순하게 비교할 수는 없는 것이다. 그렇다고 현실적으로 고교등급제를 통해 차이를 두는 것은 불가능하다(3불정책). 그렇다 보니 대학 입장에서는 학교의 표준편차를 보고 학교 간 학력격차를 보정하는 것이 현실이다. 표준편차가 지나치게 큰 학교는 전체적인 학력수준이 낮은 집단으로 분류하고, 표준편차가 작은 학교는 우수 집단으로 분류해서 지원 학생들의 점수를 환산할 때 유불리가 없도록 보정하는 것으로 알려져 있다.

석차백분율

단순 석차를 백분율로 재평가한 것.

■ 관련 검색어   석차등급

> 66 학생부 교과 반영 방법은 연세대를 비롯해 서강대 숙명여대 숭실대 이화여대 등은 국·영·수·사·과를 반영하고, 동국대 홍익대 등은 인문계는 국·영·사를, 자연계는 수·영·과를 반영합니다. 성적은 대부분 과목별 석차등급을 활용하는데, 성균관대는 석차등급과 표준화 점수를 병행 반영하고, 연세대는 과목별 원점수, 평균, 표준편차에 따른 **석차백분율**을 활용할 예정입니다.(출처–동아일보 2008.07.14) 99

백분율은 전체의 값을 100으로 보았을 때에 부분의 비를 나타내는 값이다. 이를 학생부 교과 석차에 응용한 것이 석차백분율이다.

과목마다, 학교마다 이수자 수가 다르기 때문에 단순 석차로는 해당 학생의 학력수준을 정확히 판단할 수 없다. 단순힌 석차를 동일 소건 대비 석차로 재평가하는 섯이 필요하다. 가령 50명 중에서 3등 한 학생과 100명 중에서 3등 한 학생이 있다고 했을 때 표면적으로는 같은 석차를 기록하고 있지만 이수자 수를 100으로 놓고 백분율로 단순 환산(동일 석차의 학생이 없다고 가정할 때)하면 50명 중 3등은 6등, 100명 중 3등은 3등으로 바뀐다.

이렇게 학생 수 100명을 절대적 기준으로 놓고 석차 서열을 산출하면(동석차 학생이 없을 경우) 석차백분율을 알 수 있다.

$$석차백분율 = \frac{석차}{이수자\ 수} \times 100 \qquad 석차 = \frac{석차백분율}{100} \times 이수자\ 수$$

현재 고등학교 학생부에는 석차는 표시되어 있지 않고 석차등급만 표시되어 있다.

(예시) 일반계 고등학교 7차 교육과정 학교생활기록부에서 발췌한 교과영역 기록 견본

교과	과목	1학기		
		단위수	원점수/과목 평균(표준편차)	석차등급(이수자 수)
국어	국어	4	89/69.7(19.4)	3(607)
도덕	도덕	1	93/70.9(15.3)	1(607)
사회	국사	2	92/60.1(21.8)	2(607)

제시된 학생부를 보면 사회교과 국사과목의 석차등급은 2등급이다. 석차등급의 등급별 비율을 참고하면 2등급은 4~11%내이므로 이 학생은 국사를 이수한 607명의 학생 서열 중 4%와 11% 사이에 위치함을 알 수 있다. 이렇게 칭하는 4% 혹은 11%를 석차백분율이라고 한다. 간단히 계산해보면,

$$607명 \times \frac{4}{100} = 24.28명, \quad 607명 \times \frac{11}{100} = 66.77명이다.$$

즉, 국사 1학기 점수가 92점인 예시 학생의 위치는 607명 중 25~66등 사이이다.

동석차

성적의 동점자 서열을 감안한 석차.

| 유사어 | 중간석차 |
| 관련 검색어 | 석차백분율, 석차등급 |

> 내신에서 **동석차**(동점자 석차)는 수능처럼 상위 석차를 인정하는 것이 아니라, 중간 석차를 인정하고 있다. 만점을 받은 학생이 10명이라고 하면, 10명 모두를 상위 석차인 '1등'으로 인정해서 1등급을 부여하는 것이 아니다. 10명의 중간 석차인 5.5등이 된다. 따라서 10명 모두 만점이면서도 1등급이 아닌 2등급이 되는 것이다. 수능보다 내신이 더 엄격한 상대 평가임을 알 수 있다. (출처–시사저널 2011.09.20)

석차란 점수에 의해 받은 성적의 차례다. 그런데 만약 동점자가 생기면 중간 석차를 활용하는데 이를 동석차라고 한다.

중간 석차란 해당 점수를 받은 동점자의 인원수를 산입해 그 중앙치 서열로 정한 석차를 의미한다. 한 학급에 100점 5명, 90점 4명, 80점이 1명 있다고 가정해보자. 100점 5명이 모두 석차 1능이라고 생각할 수 있다. 그러나 5명이 1~5등을 점하고 있으므로 1등 + (5–1)/2 = 3등이 되어 100점(만점)을 받았지만 1등이 아닌 3등이라는 중간 석차를 적용받게 된다.

$$동석차 = 석차 + \frac{(동일\ 석차\ 학생수-1)}{2}$$

동석차 학생이 있는 경우 석차백분율을 구하려면 중간 석차 변수를 고려해야 한다. 동일 석차를 고려해 석차백분율을 구하는 공식은 다음과 같다.

$$\text{동석차 백분율} = \frac{\text{동석차}}{\text{이수자 수}} \times 100 = \frac{\text{석차} + \dfrac{(\text{동일 석차 학생 수} -1)}{2}}{\text{이수자 수}} \times 100$$

전체 이수자 수 100명이라 가정하고 자신의 석차 3등, 동일 석차 학생 수 4명일 때 동석차 백분율과 동석차를 구해보면 다음과 같다.

$$\text{동석차 백분율} = \frac{3\text{등} + \dfrac{(4\text{명} -1)}{2}}{100\text{명}} \times 100 = 4.5\%$$

$$(\text{동})\text{석차} = \frac{(\text{동})\text{석차백분율}}{100} \times \text{이수자 수} = \frac{4.5}{100} \times 100\ \text{명} = 4.5\text{등}$$

따라서 100명 중 단순 석차 3등을 동일 석차를 고려해 석차백분율로 계산하면 4.5등이 된다. 총 이수자 수를 100%라고 했을 때 4.5%에 해당하는 석차라는 뜻이다.

(예시) 2012학년도 한국외국어대학교 학교생활기록부 반영방법

☞ <u>교과 성적이 평어, 석차, 동석차, 재적인원으로 기재되었을 경우 등급의 계산</u>

등급 계산은 [석차+(동석차 인원수-1)/2]/이수자 수×100 = 중간 석차 백분율을 계산해 중간 석차 백분율에 따라 등급을 부여합니다. (중간 석차 백분율의 계산은 소수점 이하 6자리 미만에서 절사합니다.)

등급	중간 석차 백분율	등급	중간 석차 백분율	등급	중간 석차 백분율
1	상위 4% 이내	4	상위 23% 초과 – 40% 이내	7	상위 77% 초과 – 89% 이내
2	상위 4% 초과 – 11% 이내	5	상위 40% 초과 – 60% 이내	8	상위 89% 초과 – 96% 이내
3	상위 11% 초과 – 23% 이내	6	상위 60% 초과 – 77% 이내	9	상위 96% 초과

평어: 수우미양가

석차등급

학생부의 교과 성적을 석차백분율을 기준으로 나눈 등급.

| **별칭 및 축약어** | 등급 |
| **관련 검색어** | 석차백분율, 이수단위 가중평균, 단위수 |

> 1학년 1학기부터 3학년 1학기까지의 학생부 성적 중 우수한 교과목이 교과별로 이미 3과목 이상이 되는 학생이라면 기말고사보다는 수시모집 대학별고사 준비에 전력을 다하는 것이 좋다. 반면, 지금까지의 내신 성적이 좋지 않은 학생의 경우, 3학년 2학기 교과 중에서 **석차등급**을 향상시킬 수 있는 과목 위주로 기말고사 준비에 최선을 다해야 한다. (출처−동아일보 2008.07.15)

석차등급은 원점수의 석차백분율을 기준으로 등급을 나눈 것으로 1~9등급까지 총 9등급으로 나뉜다. 수능시험에서도 9등급 분류방식을 적용하지만 표준점수를 기준으로 하고 있어, 학생부 석차등급과는 산출방식에 차이가 있다.

석차백분율을 적용한 등급 구분은 다음과 같다.

석차등급의 등급별 비율

등급	1	2	3	4	5	6	7	8	9
석차백분율(%)	0~4	4.01~11	11.01~23	23.01~40	40.01~60	60.01~77	77.01~89	89.01~96	96.01~100
누적백분율(%)	4	11	23	40	60	77	89	96	100
백분율(%)	4	7	12	17	20	17	12	7	4

석차백분율 4%까지를 1등급, 1등급을 제외한 상위 11%까지를 2등급으로 분류하는 식으로 순차적으로 9등급까지 분류한다. 이런 식으로 석차등급을 분

류하면 4~6등급이 가장 높은 비율을 차지하고 1등급과 9등급이 상대적으로 낮은 비율을 차지하게 된다.

한편, 대학에서 학생부 성적을 반영할 때는 주요 과목의 석차등급을 과목별로 평가하기도 하지만 반영 과목 전체의 평균등급으로 반영하는 경우도 간혹 있다. 이것은 이수단위가 높은 과목에 중요성을 부여해 학생들의 실력을 변별하고자 하기 위함이다.

(예시) 2012학년도 홍익대학교 학교생활기록부 반영방법

2. 전학년 평균등급 산출방법

(1) 교과별 평균등급 : 반영 교과에 해당하는 모든 과목의 석차등급을 이수단위로 가중 평균해 구합니다.

$$\text{교과별 평균등급} = \frac{\Sigma(\text{교과별 반영과목의 이수단위} \times \text{석차등급})}{\Sigma(\text{교과별 반영과목의 이수단위})}$$

※단, Σ(교과별 반영과목의 이수단위) = 0이면 교과별 평균등급 = 9

평균등급이란 대학에서 요구하는 교과의 과목들마다 석차등급에 이수단위를 가중해 평균을 내는 방법이다. 예시와 같이 합산해야 할 과목의 석차등급과 이수단위를 각각 곱한 다음 이를 모두 더해 총 이수단위의 합으로 나누면 평균등급이 산출된다.

비교과영역

학생이 인성, 적성, 특기 등을 발휘할 수 있는 교과 외의 영역.

별칭 및 축약어　비교과 스펙
관련 검색어　학교생활기록부, 교과영역, 포트폴리오, 봉사활동,
　　　　　　　창의적 체험활동상황

> 광주 B여고 교사는 "수능이 로또처럼 되면서 수능만 믿다가는 큰코다칠 것 같다고 본 학생들이 수시에 관심이 많아졌다. 하지만 지방은 **비교과영역**과 서류 준비에서 서울 학생보다 상대적으로 열악해 걱정된다"고 했다. (출처─동아일보 2011.06.08)

　　　학생부에서 교과영역, 즉 '교과학습발달상황'에 포함되지 않는 나머지 기재 사항을 통틀어 비교과영역이라고 한다. 출결상황, 수상경력, 자격증 및 인증 취득상황, 진로희망사항, 창의적 체험활동, 봉사활동, 독서활동, 행동특성 및 종합의견이 모두 비교과영역에 해당한다.

비교과영역은 지시 중심, 성적 위주의 교육풍토 속에서 다양한 교과 외 활동을 통한 전인교육을 추구할 의도로 권고되고 있다.

현 입시제도에서 비교과영역의 중요성이 강조되는 모집 유형은 정시모집보다는 수시모집 쪽이다. 따라서 비교과영역에 해당하는 모든 부분을 학교나 학생이 의무적으로 충족해야 하는 것은 아니지만, 수시모집, 특히 입학사정관전형이나 특기자전형 등에 지원할 생각이라면 고등학교 1학년 때부터 다양한 영역에 관심을 갖고 참여하는 것이 자신의 진로와 대학입시에 많은 도움이 되는 것이 사실이다. 특히 수시모집의 입학사정관전형이나 특기자전형 등은 비교과영역을 중요시한다. 외국어 특기자전형이라면 대학은 어학과 관련

된 인증이나 수상실적을 고려해 선발할 것이다. 리더십전형이라면 학생임원
활동을 당연히 참조할 것이다. 아울러 학생의 포트폴리오 내용은 상당수 학
생부 비교과영역을 근거로 작성될 것이고, 대학은 학생부의 비교과영역의 내
용을 토대로 신빙성을 확인할 것이다.

최근 수년간 비교과영역을 반영하는 입시 움직임이 활발해지고 있다. 대입
수시 전형에서 수능 성적과 학교생활기록부 교과만으로 학생들을 평가하기
에는 한계가 있기 때문이다. 특히, 창의적 재량활동상황 기록은 교과 위주의

학교생활기록부에 기록되는 교과/비교과

1. 인적사항 ⇨ 기본

학생	성명 : 한○○　성별 : 남　주민등록번호 : 931212-○○○○○○○
	주소 : 서울특별시 ○○구 ○○동
가족 부	성명 : 한○○　생년월일 : 1961년03월02일
가족 모	성명 : 강○○　생년월일 : 1962년04월05일
특기사항	

2. 학적사항 ⇨ 비교과

2009년02월16일 ○○중학교 제3학년 졸업
2009년03월02일 ○○고등학교 제1학년 입학
특기사항

3. 출결상황 ⇨ 비교과

학년	수업일수	결석일수			지각			조퇴			결과			특기사항
		질병	무단	기타	질병	무단	기타	질병	무단	기타	질병	무단	기타	
1	205	·	·	3	·	·	·	·	·	·	·	·	·	부모 간병

4. 수상경력 ⇨ 비교과

구분	수상명	등급(우수)	수상연월일	수여기관	참가대상
교내상	자연탐구대회 (공동수상,3명)	은상 (3위)	2009.05.04	○○학교장	전교생
교외상	전국학생발명품대회	국무총리상 (2위)	2009.06.28	국무총리	전국 고등학생

5. 자격증 및 인증 취득 상황 ⇨ 비교과

구분	명칭 또는 종류	번호 또는 내용	취득연월일	발급기관
자격증	워드프로세서3급	09-12-031260	2009.05.30	대한상공회의소
인증	한국사능력검정시험인증	3급(05-100367)	2009.04.20	국사편찬위원회

6. 진로지도 상황 ⇨ 비교과

학년	특기 또는 흥미	진로희망		특기사항
		학생	학부모	
1	컴퓨터게임	프로게이머	연구원	컴퓨터와 프로그래밍에 관심이 많고 수학, 과학 탐구력이 뛰어나 적성과 희망이 일치함

7. 창의적 재량활동 상황 ⇨ 비교과

학년	활동영역 또는 주체	이수기간	특기사항
1	보건교육	24시간	정신건강의 중요성을 잘 이해함

8. 특별활동 상황 ⇨ 비교과

학년	특별활동상황		
	영역	시간	특기사항
1	자치활동	4	1학기 학급부회장으로 간부수련회 참여함
	적응활동	6	교내 인성개발 프로그램에 참여해 변화를 보임
	행사활동	8	건강검진시 행사를 도와 학우들에게 기여함
	계발활동	28	○○시교육청 주체 영어말하기 대회에 3회 참석함

학년	봉사활동실적				
	일자 또는 기간	장소 또는 주관기관명	활동내역	시간	누계시간
1	2009.5.29-05.31	(교외)소망의집	식사보조, 방청소	12	12

9. 교외체험학습 상황 ⇨ 비교과

학년	일자 또는 기간	장소 또는 주관기관명	내용	시간 또는 일수
1	2009.07.22 ~2009.08.01	○○신봉사	국토순례	10박11일

10. 교과학습 발달학습 ⇨ 교과

교과	과목	1학기			2학기			비고
		단위수	원점수/과목평균(표준편차)	석차등급(이수자수)	단위수	원점수/과목평균(표준편차)	석차등급(이수자수)	
국어	국어	4	77/74.7(8)	5(253)	4	81/81.5(8.8)	6(250)	
이수단위합계								

11. 독서활동 상황 ⇨ 비교과

학년	과목 또는 영역	독서활동 상황
1	인문	(1학기)'나쁜 사마리아인들'(장하준)을 읽고 경제학을 탐구했으며 '캠프힐에서 온 편지'(김은영)을 읽고 장애우 놈의 삶에 대해 깊이 생각함

12. 행동특성 및 종합의견 ⇨ 비교과

학년	행동 특성 및 종합의견
1	자기 주관이 뚜렷하여 매사에 주체적이고 긍정적인 사고로 임하며, 하고자 하는 일에 대한 목표의식이 뚜렷함. 자신의 생각을 논리적으로 잘 표현하며 교외의 다양한 활동에 적극적으로 참여함

학사 운영에서 탈피해 학생들의 다양한 체험활동을 장려하고 교과 외 활동을 대폭 확대한다는 취지로 도입됐다.

이에 비교과영역은 2009년 개정된 교육법 시행령에 따라 창의적 체험활동 종합지원시스템인 에듀팟(edupot)을 이용해 학생이 직접 관리하도록 하고 있다. 자율활동·동아리·봉사·진로활동 등의 비교과영역 활동을 학생 자신이 직접 에듀팟에 기록하고 교사가 승인, 보완 지시, 첨삭 등을 하는 방식으로 운영하고 있다. 에듀팟과 같은 온라인 사이트를 개설하는 것은 비교과를 언제든 기록하고 관리할 수 있기 때문에 보다 주도적인 비교과영역 활동을 가능하게 하려는 의도가 담겨 있다.

학생의 잠재력과 재능을 주로 보는 수시모집은 비교과영역을 주요한 판단근거로 삼는 반면, 수능 성적의 비중이 높은 정시모집은 비교과영역에서 출결 상황과 봉사활동 이수시간 정도만 참고하고 있다.

출결상황

학사일정에 따른 수업일수에 학생이 성실히 참여했는지를 기록한 항목.

별칭 및 축약어　출결
관련 검색어　비교과영역

> 체험활동은 독서, 자격증·인증 취득, 동아리 활동, 봉사활동 등을 살펴보면 되고, 학교생활 충실도나 인·적성은 자기소개서, 교사추천서, 리더십 경험, **출결상황**, 학업 의지 등의 내용을 토론이나 면접 등을 통해 확인하면 된다.(출처-조선일보 2010.04.07)

학생부 '출결상황'란에는 학생의 결석, 지각, 조퇴 횟수가 기재된다. 정해진 수업일수에 모두 참여하는 것은 교과학습에 충실하기 위한 학생의 기본자세라고 할 수 있다. 그러므로 출결상황은 입시에서 가점요소는 될 수 없지만 감점요소는 된다. 즉, 출결상황이 완벽하다고 해서 점수를 더 받을 수는 없어도 출결상황이 좋지 못하면 입시에서 불리해질 수 있다는 뜻이다.

(예시) 2011 학교생활기록부 기재 길라잡이에서 발췌한 출결상황 기록 견본

학년	수업일수	결석일수			지각			조퇴			결과			특기사항
		질병	무단	기타	질병	무단	기타	질병	무단	기타	질병	무단	기타	
1		2			2			1						
2			2								2			
3		6			3			5						편도선수술(5일)

대학별 출결상황 평가기준(2012년 5월 현재 서울대만 발표 / 타 대학은 2012학년도 기준)

대학	평가 항목
서울대학교	무단결석 1일 미만 무단지각/조퇴/결과 3회는 무단결석 1일로 간주함 무단결석일수 11일 이상이면 결격사유가 되므로 학생부 및 사유서 등을 종합적으로 검토해 심사를 거친 후 최종 결격 여부 결정

연세대학교

전학년 무단(사고)결석일수에 따라 9등급으로 평가. (무단)결석 4일 이상일 경우 감점.

구분	등급								
	1	2	3	4	5	6	7	8	9
고등학교 재학 중 총 무단(사고) 결석일수	3일 이하	4~ 6일	7~ 9일	10~ 12일	13~ 15일	16~ 18일	19~ 21일	22~ 24일	25일 이상

대학	평가 항목
고려대학교	사고(무단)결석일수 총 2일 이내
서강대학교	사고(무단)결석일수 총 5일 이내 사고로 인한 지각, 조퇴, 결과의 합계 3회는 결석 1회로 간주

성균관대학교

아래 기준표에 따라 각각 10점 만점으로 점수를 부여해 합산

	1	2	3	4	5	6	7	8	9
사고결석일수	5일 이하	6~ 8일	9~ 11일	12~ 14일	15~ 17일	18~ 20일	21~ 23일	24~ 26일	27일 이상

한양대학교

질병 및 기타에 의한 결석일수는 제외하고 사고(무단)결석에 의한 결석일수만 포함

등급	결석일수	점수
1	0~3	30.00
2	4	29.63
3	5	29.27
4	6	28.91
5	7	28.54
6	8	28.17
7	9	27.80
8	10	27.44
9	11	27.08
10	12일 이상	26.70

이화여자대학교

질병결석과 기타결석은 제외하며, 그 외의 사유로 인한 지각, 조퇴, 결과는
3회를 1일 결석으로 간주

결석일수(3개년간)	수능 성적에 의한 교과 '평균백분위점수' (대학수학능력시험에 의한 비교평가자)	점수
0~2일	80점 이상	28
3~6일	70점 이상~80점 미만	26
7~11일	50점 이상~70점 미만	24
12~20일	30점 이상~50점 미만	22
21~30일	20점 이상~30점 미만	20
31일 이상	20점 미만	15

중앙대학교

비교과영역은 봉사활동시간 및 출결시간을 점수화해 반영

학년별 반영범위 및 비율	학생부 요소별 반영비율(%)		
	교과영역	비교과영역	계
1학년~3학년 2학기까지 반영(학년 구분 없이 반영)	95	5	100

질병이나 사고 등 합당한 사유가 있는 경우는 예외지만 무단결석이나 무단지각, 무단조퇴는 감점요인이 된다. 따라서 합당한 사유가 있는 경우에는 반드시 특기사항에 기재를 요청해야 입시에서 불이익을 당하지 않는다.

수시모집에서는 성실성을 판단하는 참고자료로 출결상황을 활용하지만 정시모집에서는 출결상황을 점수화해 반영하는 경우가 많다. 출결상황 반영방식은 대학마다 차이가 있어서 결석일수에 따른 등급 구분을 하는 학교도 있고 등급 대신 점수를 부여하는 학교도 있다. 이를테면 연세대는 무단결석일수가 3일 이하면 1등급을 부여하지만 성균관대는 10점을 부여하는 식이다. 또는 중앙대처럼 출결상황과 봉사활동시간을 일정비율로 합산해 반영하는 경우도 있으므로 대학별 전형요강을 잘 살펴 출결상황 때문에 입시에서 감점을 당하지 않도록 주의해야 한다. 서울대를 제외하고 통상 결석 2~3일 이내인 경우에는 감점이 없다.

수상경력

고등학교 재학 중 교과 및 비교과영역에서 상을 받은 경력.

별칭 또는 축약어 입상경력, 입상실적
관련 검색어 비교과영역

> 조 양의 자기소개서에는 봉사활동 경험, 과학 관련 대회 **수상실적** 등을 통해 다른 사람을 돌보는 마음과 의료인이 되고자 하는 열정이 잘 드러나 있다. 전공에 적합한 학생이라고 판단했다. 과학과 관련된 외부 대회 **수상경력**도 많다. 간호사와 과학 활동이 무슨 관계가 있느냐고 물을 수 있다. 하지만 자연계열인 간호과학부에서 학습하려면 기초과학 지식이 기본적으로 필요하다. 또한 외부 대회에서 수상한 점은 교내 동아리 활동을 기반으로 확장시킨 활동이라 높이 평가했다.(출처-동아일보 2012.01.31)

수상경력은 상을 받은 실적을 기록하는 항목이다. 교과영역과 비교과영역에서 수상한 경력을 기록하면 되는데 교과영역은 학업과 관련한 수상, 비교과영역은 인성과 관련한 수상이라고 할 수 있다. 학업과 관련한 수상이란 교내 경시대회 등 학업능력을 측정할 수 있는 대회에 참가해 수상한 경력을 말하고 인성과 관련한 수상은 봉사, 선행, 모범 등의 분야에서 수상한 경력을 말한다.

단, 교외에서 수상한 상은 학교생활기록부 어떠한 항목에도 기재할 수 없도록 규제하고 있다. 교외에서 수상하는 상 가운데는 그 가치를 신뢰할 수 없는 것이 많고 사교육에 의존해 수상하는 경우도 드물지 않기 때문이다. 교과부와 시도교육청이 후원한 대회일 경우 교과부 장관, 교육감 등이 주는 수상실적에 한해 기재는 가능하지만, 이 경우에도 교과 관련 수상실적은 입력해선 안 된다. 만약 학생부에 기록할 수 없는 상 가운데 그 가치가 충분히 인정되는 경우라면 자기소개서 등을 통해 부각하는 방법이 좋다.

학생부에 기록할 수 있는 것이면 학업과 인성 분야에서 고루 수상하는 것이 좋다. 학업능력도 우수하고 인성도 바른 학생이라는 인상을 줄 수 있기 때문이다. 또 수상경력이 종류만 다양하기보다는 진로 희망 분야와 관련될수록 입시에서 훨씬 높은 평가를 받을 수 있다.

(예시) 2011 학교생활기록부 기재 길라잡이에서 발췌한 수상경력 기록 견본

구분	수상명	등급(위)	수상연월일	수여기관	참가대상
교내상	1년개근상		2011.02.13	○○학교장	1학년
	교과우수상(국어, 사회, 기술·가정)		2011.07.15	○○학교장	○학년
	선행상		2011.05.05	○○학교장	2학년
	표창장(효행부문)		2011.05.15	○○학교장	전교생
	자연탐구대회(공동수상, 3인)	은상(3위)	2011.05.04	○○학교장	전교생
	고무동력기날리기대회	금상(1위)	2011.05.20	○○학교장	1학년
	정보통신경진대회(게임분야)	대상(1위)	2011.06.04	○○학교장	전교생
	컴퓨터경진대회(정보검색부문)	우수상(2위)	2011.09.20	○○학교장	전교생

진로희망사항

학생이 진학하려는 대학의 전공 분야나 희망하는 장래의 직업군 등
진로에 대해 기록한 항목.

별칭 및 축약어　진로희망
관련 검색어　비교과영역

> 충남의 한 일반계고에 다니는 고2 A 군은 최근 자율형사립고에 다니는 친구 B 군(18)의 얘기를 전해 듣고 화들짝 놀랐다. 이미 입력이 끝난 1학년 학교생활기록부의 특기, 진로 내용을 수정했다는 얘기를 태연하게 늘어놓았기 때문이다. 김 군에 따르면, 친구 B 군은 입학사정관 전형인 사회봉사특기자전형으로 대학에 간다는 전략에 맞춰 학생부 **진로희망사항** 항목을 '봉사' 관련 내용으로 바꿨다는 것. 김 군은 "B는 3월에 한 차례 담임교사에게 학생부 수정을 요구한 뒤 이뤄지지 않자 5월에 재차 요구한 끝에 수정을 마쳤다고 했다"면서 "이렇게 입학사정관전형에 대비한 스펙을 만들기 위해 학생부 내용을 수정해주는 일이 일부 학교에서 공공연하게 일어난다"고 주장했다. (출처—동아일보 2011.01.25)

　　진로희망사항은 학생이 원하는 전공 분야나 직업 등 진로에 대한 학생의 관심과 노력을 기재하는 항목이다. 입학사정관 전형처럼 학생의 적성과 능력, 학업에 대한 의지 등을 총체적으로 판단하는 전형에 응시할 경우 진로희망사항을 판단근거로 삼게 되므로 형식적으로 기재하는 일은 피해야 한다.

진로희망사항에는 학생의 특기 또는 흥미 분야, 학생과 학부모가 각각 희망하는 진로를 기재하게 돼 있다. 입학사정관이나 면접관은 기재된 내용을 근거로 학생이 전공하려는 분야와 희망하는 진로에 일관성이 있는지, 적성에 맞는지 등을 판단한다. 그러므로 특기 또는 흥미란에 기재하는 내용과 진로희망란에 기재하는 전공 분야 또는 직업군 사이에 연관성이 높을수록 좋다. 악기연주를 잘하거나 좋아하는 학생이 작곡가를 희망하며 작곡과에 지원하는 경우가 대표적이다.

또 학년이 바뀔 때마다 진로희망을 달리 기재하는 것보다 일관성을 유지하는

것이 유리하다. 잦은 진로 변경은 전공 분야에 대한 깊이 있는 고민의 부재로 비칠 수 있기 때문이다. 그렇다고 일관성 유지를 위해 희망하는 전공 분야와 진로가 달라졌는데도 억지로 꿰맞출 필요는 없다. 예를 들어 교사를 희망하던 학생이 의상디자이너로 진로를 변경하는 경우는 일관성에 어긋나기는 해도 불가능한 일은 아니다. 다만, 이처럼 진로희망이 급격하게 바뀐 경우 입학사정관이나 면접관의 질문을 받을 수 있으므로 자기소개서를 통해 소명하는 것도 좋다. 진로를 변경한 이유와 새로운 진로에 대한 관심 및 학업 의지를 설명하고 진로를 바꾸게 된 강렬한 에피소드가 있다면 설득력을 얻을 수 있을 것이다.

(예시) 2011 학교생활기록부 기재 길라잡이에서 발췌한 진로희망 기록 견본

학년	특기 또는 흥미	진로희망	
		학생	학부모
1	만화그리기	만화가	의상디자이너
1	클래식 음악감상	물리치료사	물리치료사
1	아이돌보기	유치원교사	유치원교사
1	역사책읽기	국사교사	국사교사
1	높이뛰기	체육교사	체육교사
1	음악감상	유치원교사	초등교사

창의적 체험활동

자율활동, 동아리활동, 봉사활동, 진로활동 등 학생이 자율적으로 참여하는 교과 외 활동.

유사어	창의적 재량활동(7차 교육과정)
관련 검색어	봉사활동, 포트폴리오, 입학사정관제

> 예를 들어 체육시간을 더 확보하기 위해서는 다른 과목이나 기존 **창의적 체험활동** 시간을 줄여야 하는데 만약 교과목을 줄이면 해당 교사 및 학부모들이 반발할 수 있다. 결국 일선 학교들로서는 독서활동 등 **창의적 체험활동**이나 도덕 등 반발이 상대적으로 덜한 과목의 시간을 줄일 수밖에 없다.(출처-조선일보 2012.02.25)

창의적 체험활동은 창의력과 잠재력, 자율성, 협동심, 봉사정신 등을 함양하기 위해 학생이 자율적으로 참여하는 교과 외 활동이다. 기존의 창의적 재량활동과 특별활동을 통합한 것으로 자율활동, 동아리활동, 봉사활동, 진로활동 등 4개 영역으로 구성돼 있다.

최근 입시 경향은 창의적 체험활동을 비교과영역 중에서도 특히 중시하고 있

(예시) 2009 개정 교육과정에서 발췌한 고등학교 창의적 체험활동

영역	활동
자율활동	친목모임, 학급회의, 토론회, 발표회, 체육대회, 학교 및 지역의 특색활동 등에 참여하는 활동
동아리활동	학술(외국어·컴퓨터·과학탐구 등), 문화예술(문예·창작·서예·영화 등), 스포츠(육상·수영·스케이트 등), 실습(요리·수예·목공 등), 청소년단체(스카우트연맹·청소년연맹 등) 등에 참여하는 활동
봉사활동	교내봉사, 지역사회봉사, 자연환경보호, 캠페인 등에 참여하는 활동
진로활동	진로모색을 위해 진로검사나 진로상담 등을 받고 입시정보, 직업정보 등 진로정보를 탐색하거나 직업체험 등에 참여하는 활동

다. 입학사정관이나 면접관이 학생의 자질과 인성을 판단하는 자료로 활용하는 것은 물론 창의적 체험활동에 중점을 둔 전형도 생겨나고 있다. 경희대의 '창의적 체험활동전형'이 대표적이고 유사 전형으로 연세대의 '창의인재트랙전형', 서강대·건국대의 '자기추천전형', 한양대·이화여대의 '미래인재전형', 성균관대의 '성균인재', 중앙대의 '다빈치인재전형' 등이 있다.

(예시) 2011 학교생활기록부 기재 길라잡이에서 발췌한 창의적 체험활동 기록 견본

학년	창의적 체험활동상황		
	영역	시간	특기사항
1	자율활동	28	1학기 학급반장(2011.03.01~2011.08.19)으로 대토론회(2011.04.15), 간부수련회(2011.05.10~2011.05.12) 등 모든 학생회 행사에 적극 참여하고, 교내 인성 계발 프로그램(2011.05.11~2011.05.14), 유스센터 전문상담 부름교실에 참여하여 기본생활 습관의 변화를 보임. 또래 상담학생들의 학교지킴이 집단상담교육에 참여(6회)하고, 신체발달상황 검사(2011.09.16), 건강검진 시(2011.10.14)의 사선생님을 도와 원활한 운영에 기여함. '미래의 나'를 주제로 UCC 만들기 모둠 활동(2011.03.31)에서 다양한 자료를 수집하고 아이디어를 제공하여 적극적인 참여를 보임. 세계인들의 삶의 터전인 세계의 지형을 살펴봄으로써 그들의 각기 다른 삶의 방식, 문화의 다양성을 이해함.
	동아리활동	34	(영어회화반)영어에 관심과 소질이 많고 영어표현에 자신감을 보이며, 특히 말하기 부분에 탁월한 능력을 보임. 영자신문반이 참여한 ○○교육청과 △△문화원이 연계 운영하는 국제수업교류 프로그램에 참여하여 우수한 활동을 하였으며, 국제사회의 빈곤 문제에 관심을 가지게 됨. (축구발리킥)클럽의 주장으로, 공격과 수비를 동시에 잘하는 미드필더이자 멀티플레이어로 활약하여 ○○교육지원청 주최 학교스포츠클럽대회에 학교대표로 출전하였으며, 방과 후 학교스포츠클럽 활동으로 162시간 활동함.
	봉사활동		월 1회 정기적으로 부모님과 아동양육시설인 ○○원에 방문하여 청소 등 봉사활동을 수행함. 한국스카우트연맹이 주관하는 제28회 아시아 태평양 잼버리에 참가하여 행사보조및 통역활동을 수행함(2011.08.01~2011.08.05 / 31시간). 수련활동 기간(2011.04.06~04.08) 중 생태체험활동을 하며 자연의 소중함을 깨닫고, 쓰레기 줍기 등 자연보호 활동을 함.
	진로활동	34	○○진로 검사를 실시(2011.05.02)하여 결과를 분석한 내용으로 상담을 함. 다양한 직업을 체험하는 진로 체험 축제(2011.10.21)에서 과학자들이 자연 현상을 탐구하고 연구하는 활동에 관심을 보임. 학부모 지원 직장 탐방 프로그램에서 ○○연구소를 방문하여(2011.10.29) 각종 실험과 검증 과정에 관심을 가지고 질문을 함.

*시간:교육과정상 개별 학생의 출결상황이 반영된 시간임(실제 활동 참여 시간)

따라서 창의적 체험활동에서 두각을 드러낼 경우 유리한 입시자료로 활용할 수도 있을 것이다. 창의적 체험활동은 다양한 활동에 참여하는 것보다 자신의 관심 분야에서 꾸준히, 적극적으로 활동하는 것이 중요하다. 무엇보다 교내활동에 중점을 둔 상태에서 교외활동을 병행하는 것이 기본에 충실한 학생으로 평가받을 수 있는 방법이다.

평소 창의적 체험활동 내용을 기록으로 남기는 습관이 중요하며, 에듀팟을 활용하고자 한다면 단순히 참여한 내역만 기록하지 말고 참여를 통해 느낀 점, 체험활동에 기여한 내용, 내면의 변화 등을 구체적으로 기술하도록 한다. 한편, 입학사정관전형 1차 서류전형에 합격했다면 포트폴리오를 제출할 경우도 생기는데 체험활동의 결과물을 사진이나 일지 등을 첨부하는 방법도 있다.

창의적 체험활동에 중점을 둔 전형인 연세대 '창의인재트랙전형'은 '우수성 입증자료'를 요구한다. 연구보고서, 개인 홈페이지, 논문, 개인 창작물, 창의적 체험활동 경력 등이 입증자료의 대표적인 예다. 실제 연세대 사학과에 창의인재트랙전형으로 지원한 학생의 경우, 조선시대의 신기전(화약을 장착해 쏘는 화살)에 대한 자료를 1년간 제작해 우수성 입증자료로 제출한 바 있다. 이 자료는 사료적 근거를 인정받아 지상파 뉴스와 중앙 언론에도 소개되는 등 창의적 체험활동의 우수사례로 평가되고 있다.

봉사활동

자발적으로 봉사활동을 할 수 있는 인성을 기르기 위한 교육과정.

별칭 및 축약어　　봉사
관련 검색어　　비교과영역, 창의적 체험활동

> 대학입시를 위한 이른바 '스펙'을 허위로 만들어주고 학부모들로부터 거액을 받은 공익법인 대표에게 징역형이 선고됐다. 재판부는 "학생들의 수상, 봉사실적을 조작해 대학입시에 부정한 영향을 미칠 수 있는 행위를 하고 학부모들로부터 돈을 받은 점이 인정된다"고 밝혔다. 배씨는 공익법인을 설립한 뒤 입시컨설팅 등 명목으로 고교생 부모들로부터 2억4000여 만원을 받는 불법 수익사업을 하고, **봉사활동** 실적 등을 조작해 장관 등 행정기관장 명의의 상장을 학생들에게 준 혐의로 구속 기소됐다.(출처– 서울신문 2012.02.15)

　　봉사활동은 일반적으로 남을 위해 헌신하는 자발적인 행위를 일컫지만 학교에서 행해지는 봉사활동은 자발적인 행위라기보다 교육적 측면에서 권고되는 일종의 비자발적 봉사활동이라고 할 수 있다. 즉, 자발적으로 봉사활동을 할 수 있는 인성을 기르기 위한 교육과정인 셈이다. 이에 7차 교육과정부터 봉사활동이 정식 교육과정의 영역으로 지정되어 학생부에 구체적으로 기재되고 있다. 따라서 학생들은 의무적으로 봉사활동에 참여해야 한다.

참여할 수 있는 봉사활동의 범위는 상당히 넓으므로 봉사활동을 통해 자신이 가진 재능이나 소질을 발견하며, 삶의 영역을 두루 체험함으로써 인성을 형성해가는 수련활동의 계기로 삼아도 좋다. 예를 들어 교내에서 진행되는 행사의 도우미나 행사 후 청소 및 환경미화를 할 수도 있고, 지역사회의 복지시설이나 공공시설, 병원, 농어촌 등에서 일손을 도울 수도 있으며 환경보호나 자연보호, 문화재 보호 활동을 할 수도 있다. 또는 교통안전이나 질서유지 등을 위한 캠페인을 벌이는 것도 봉사활동에 포함된다. 나아가 동아리활동과 봉사활동을 연계하는 방법도 있는데 이를테면 음악이나 무용 관련 동아리에서 복지시설 공연을 할 수도 있고 외국어나 컴퓨터 관련 동아리에서 지역 공부방 학생들을 가르칠 수도 있다.

봉사활동이라고 하면 봉사시간만 일정 정도 채우면 되는 것으로 생각하는 학생이 여전히 많다. 그러나 입학사정관전형이나 면접전형 등에 응시할 경우, 봉사활동에 임하는 자세와 봉사활동을 통해 깨달은 점 등을 면밀하게 평가하므로 실적 쌓기와 시간 채우기만으로는 좋은 평가를 받기 어렵다.

실제 수시모집 '봉사활동인재전형'에 지원했던 한 학생의 사례를 살펴보면 봉사활동이 입학사정관이나 면접관에게 어떤 식으로 평가받는지를 이해할 수 있을 것이다. 이 학생은 3년간 학급봉사부장을 맡고 봉사동아리에서 활약하며 봉사와 관련한 다수의 수상경력을 보유하고 있었다. 또 해외봉사활동에도 적극적으로 참여해 문화명예대사로까지 임명되는 등 화려한 이력의 소유자이기도 했다. 그런데 합격을 자신하고 지원했던 경희대와 건국대에서 모두 불합격 통보를 받고 말았다. 이 학생의 불합격 원인은 봉사활동 실적 쌓기에만 집중했고, 무엇보다 봉사활동에 임하는 진심과 봉사활동을 통해 깨달은 바를 자기소개서에 제대로 표현하지 못한 탓이었다.

(예시) 2011 학교생활기록부 기재 길라잡이에서 발췌한 봉사활동 기록 견본

학년	봉사활동실적				
	일자 또는 기간	장소 또는 주관기관명	활동내용	시간	누계시간
1	2011.03.02 – 2011.08.31	(개인)○○원	청소, 노인 목욕	18	18
	2011.03.10	(학교) ○○학교	교내환경정화	1	19
	2011.08.05 – 2011.08.11	(개인)한국스카우트연맹	행사보조 및 통역	31	50
2					

그러므로 봉사활동을 제대로 평가받기 위해서는 화려한 실적보다는 내실이 중요하고 그보다 더 중요한 것은 봉사활동의 교육적 목적에 충실했음을 입증할 수 있어야 한다. 교육적 목적에 충실했음을 입증한다는 것은 봉사활동을 통해 변화된 자신의 마음가짐을 설득력 있게 표현할 수 있어야 한다는 뜻이다. 그리고 봉사활동 경력에서도 여러 곳을 전전하기보다 처음 시작한 곳에서 꾸준히 봉사하고 유명한 기관보다는 주변, 이웃을 위해 봉사한 경력이 더욱 진심 어린 봉사로 평가된다.

독서활동상황

학생의 독서활동 내역을 기록한 항목.

별칭 및 축약어 독서활동
관련 검색어 비교과영역

> 몇 년 전까지만 해도 수상경력, **독서활동** 등을 담은 학생생활기록부의 비교과영역은 의례적인 기록에 불과했다. 입학사정관전형이 도입된 뒤에는 사정이 달라졌다. 중요성이 점차 커지고 있다. 대부분 전형에서 지원자의 잠재력과 발전 가능성, 전공과의 적합성을 확인하기 위한 자료로 적극 활용한다.(출처-동아일보 2011.05.11)

독서활동상황은 말 그대로 학생의 독서활동 내역을 기록하는 항목이다. 입시 준비를 위해 교과공부에만 치중할 가능성이 높은 학생들에게 독서를 권유함으로써 교과 이외의 폭넓은 지식을 접하도록 하고 독서습관을 길러줄 목적으로 도입된 비교과영역의 평가항목이다.

독서습관이 붙지 않은 학생들을 위해 교과별 필독도서와 권장도서를 제시하고 있지만 자신의 관심 분야에 따라 읽고 싶은 책을 선택하면 된다. 독서활동 결과는 학생이 독서 내용을 기록하면 교과담당교사나 담임교사가 확인한 후 학교생활기록부 독서활동상황란에 학생의 독서활동에 대한 평가를 기록하는 과정을 거친다.

독서활동 역시 입시에 입학사정관전형과 면접전형이 도입되면서 중요성이 점차 커지고 있다. 독서라고 하면 흔히 인문사회계열 입시에만 영향을 미칠 것으로 생각하기 쉽지만 어떤 전공이든 전공을 희망하는 분야와 관련된 책을 심도 있게 읽은 학생일수록 서류심사나 면접에서 좋은 평가를 받을 가능성이 높다.

독서활동을 기록할 때는 단순히 책 내용을 요약하는 데 그치지 말고 느낌과 감동, 앞으로 더 읽고 싶은 책 등을 짜임새 있게 서술해야 한다. 독후감이나 서평을 쓰거나 관련 분야의 책을 여러 권 읽은 후 나름대로 주제를 정해 보고서를 쓴다면 의미 있는 활동으로 인정받을 수 있다.

(예시) 2011 학교생활기록부 기재 길라잡이에서 발췌한 독서활동 상황 기록 견본

[고등학교 교과담당교사 입력 예시]

○국어 – (1학기) 문학·인문과학 분야 서적에 관심이 많고 독서활동 시간을 활용하여 한 달에 두 권 정도 책을 꾸준히 읽고 있으며, 저자가 전달하고자 하는 주제의 핵심을 파악하여 독서활동 시간에 발표함. 〈내 영혼이 따뜻했던 날들〉(포리스토 카트), 〈10년 후 나〉(타테미야 츠토무), 〈성공한 사람들의 독서습관〉(시미즈 가쓰요시) 등의 책을 감명 깊게 읽음.

[고등학교 학급담임교사 입력 예시]

– 인문 분야 –

○(2학기) 신화의 세계에 관심이 많은 학생임. 〈그리스·로마신화〉(이윤기), 〈정재서교수의 이야기 동양신화〉(정재서), 〈우리 신화의 수수께끼〉(조현설), 〈살아있는우리 신화〉(신동흔)를 읽고서 서양신화와 동양신화의 차이점을 이해하고 아울러 우리 신화가 한국인의 의식형성에 미친 영향에 대해 보고서를 작성하고 발표함.

행동특성 및 종합의견

담임교사가 학생에 대한 총체적인 의견을 기록하는 항목.

별칭 및 축약어　행동발달상황
관련 검색어　비교과영역, 자기소개서

" 인천시교육청은 지역 내 일반계고를 대상으로 학교생활기록부 정정 여부에 대한 특별감사를 벌여 부당 정정 사례를 적발했다고 밝혔다. 분야별 정정 사례는 진로지도사항이 414건(35.2%)으로 가장 많고 다음으로 독서활동사항 233건(19.8%), 특별활동상황 210건(17.9%), 행동특성 및 종합의견 154건(13.1%)으로 집계됐다. 해당 학교는 입학사정관제 도입, 확대에 따라 성적이 아닌 교사가 의견을 나타내는 종합의견이나 행동특성, 진로지도 사항 등을 좋은 쪽으로 다시 쓰거나 추가한 것으로 조사됐다.(출처-중앙일보 2011.10.06) "

행동특성 및 종합의견란에는 학생에 대한 담임교사의 총체적인 의견이 기록된다. 각 학년 담임교사가 학생의 기본적인 학업태도, 인성, 특이경력 등을 기록하기 때문에 학생을 가장 가까이에서 관찰한 객관적인 기록이라고 할 수 있다.

특히 학생의 행동특성을 기록할 때는 '성실하다' '착하다' '최선을 다함' '리더십이 뛰어남' 과 같은 추상적인 표현은 지양하도록 하고 있다. 대신 어떤 근거에서 성실하고 착한 학생인지, 학업과 리더십에 관련해서는 무엇에 대해 어떠한 방식으로 성과를 냈는지, 객관적인 기록과 자료를 토대로 최대한 구체적으로 입력하게 돼 있다.

입학사정관 전형에서 서류로 제출된 학생부의 행동특성 및 종합의견 기재사항은 추천서와 같은 위상으로 면밀히 검토된다. 그러므로 앞에 이미 기재된 사항이지만 특히 괄목할 만한 내용은 이 난에 한 번 더 강조하기도 하며, 학생에 대한 가능성과 잠재력에 초점을 맞춰 작성한다. 학생부에 자세하게 반영되지 못한 내용들은 수시모집 지원 시, 자기소개서와 추천서를 통해 조금 더 자세하게 드러낼 수 있으며, 면접을 통해 그 진위가 판명된다.

행동특성 및 종합의견은 교사의 입장에서 기술되는 전문적 기록이므로 학생이나 학부모가 개입할 여지가 없는 항목이다. 기록 내용은 교육행정정보시스템(NEIS, 나이스)을 통해 관리되고 있으므로 확정된 내용은 교사가 임의로 수정할 수 없고, 청탁에 의한 허위 사실 기재는 법에 의해 처벌의 대상이 된다.

(예시) 2011 학교생활기록부 기재 길라잡이에서 발췌한 행동특성 및 종합의견 기록 견본

○ 2011학년도 2학기 학생회 외국어사랑부 부장으로서 교내 외국어 사용 활성화를 위해 여러 행사를 직접 기획하고 진행하여 지도력을 인정받았으며, 창조적이며 변화 있는 일을 하기 좋아하는 학생임. 이러한 성향은 진로종합 검사결과 및 학생의 희망진로와 일치하고, 자신의 진로에 대해 명확한 목표의식을 갖고 노력하는 학생으로 긍정적인 성장이 기대됨.

자기소개서

자신의 능력과 잠재력, 가치관, 인성 등을 남에게 소개할 목적으로 기술하는 글.

축약어	자소서
관련 검색어	학업계획서, 입학사정관, 면접

> 이화여대 간호학부에 합격한 조 양은 **자기소개서**에 '진화하는 간호사를 꿈꾼다'고 적었다. 진화하는 간호사? 지속적으로 자기계발을 해 발전하는 간호사가 되고 싶다는 얘기다. 환자와의 의사소통은 어떻게 해야 할지, 간호활동은 어떻게 해야 할지에 대해 항상 고민하려 한다. 이런 고민은 그가 직접 의료봉사를 하면서 시작됐다.(출처—동아일보 2012.01.31)

입시에서 자기소개서는 자신을 가장 구체적이고 적극적으로 홍보할 수 있는 방편이 된다. 입시 자료로 제출되는 서류(학생부, 추천서, 지필고사 결과)의 대부분이 수험생의 학업능력과 교내·외 활동, 특기 등을 객관적으로 보여주는 자료인 반면 자기소개서는 자신의 개성을 드러낼 수 있는 자료이기 때문이다. 각종 제약조건 때문에 학생부에 미처 기재할 수 없는 비교과영역의 활동상황을 자세히 기술할 수도 있고 학생부상에 드러난 허점을 보완하거나 소명하는 기회도 자기소개서를 통해 얻을 수 있다.

자기소개서를 쓰라고 하면 당황하는 학생이 많지만 자기소개서의 기본은 진솔한 내용을 담는 것이다. 또한 자기소개서는 자신의 출생에서부터 현재에 이르기까지 의식의 형성을 나타내는 글이 되어야 한다. 자아 완성 과정을 대학에 알리는 것이 목적이기 때문에 보는 이가 개성 있는 인상과 인간적인 공감을 느끼도록 하는 것이 중요하다.

그리고 자기소개서에서 좋은 평가를 받으려면 지원하는 전공 분야나 전형 유

수시모집 자기소개서 공통 양식

1. 자신의 성장과정과 가족환경에 대해 기술하세요.(500자)
2. 지원동기와 지원한 분야를 위해 어떤 노력과 준비를 해왔는지 기술하세요.
(500자)
3. 입학 후 학업계획과 향후 진로계획에 대해 기술하세요.(500자)
4. 고등학교 재학 중 자기주도적 학습경험과 교내외 활동을 서술하세요.(500자)
5. 자신의 미래 목표를 위하여 노력했던 과정과 역경극복 사례, 그리고 목표를
세웠던 동기에 대해 서술하세요.(500자)

자기소개서

허위로 기재한 내용으로 발생하는 불이익은 책임지지 않습니다.
* 표시가 된 항목은 필수 입력하상으로 반드시 입력해야 합니다.

유의사항 다시보기

[!] 유의사항

지원하는 전형이 어떤 유형인지 고려하여 작성하되, 각 항목별 내용에 대해 사례를 구체적으로 솔직하게 진술하는 것이 도움이 됩니다.

> 자기소개서

• 1. 자신의 성장과정과 가족환경에 대해 기술하세요.

※최대 1000자 중 0자 입력

• 2. 지원동기와 지원한 분야를 위해 어떤 노력과 준비를 해왔는지 기술하세요.

※최대 1000자 중 0자 입력

• 3. 입학 후 학업계획과 향후 진로 계획에 대해 기술하세요.

※최대 1000자 중 0자 입력

• 4. 고등학교 재학 중 자기주도적 학습경험과 교내·외 활동을 서술하세요.

※최대 1000자 중 0자 입력

• 5. 자신의 미래 목표를 위하여 노력했던 과정과 역경극복 사례, 그리고 목표를 세웠던 동기 등에 대해 서술하세요.

※최대 1000자 중 0자 입력

형에 적합한 내용 중심으로 일목요연하게 기술하는 것이 반드시 필요하다. 해당 분야에 관심을 갖게 된 배경, 그 분야에 대한 관심을 충족시키기 위해 노력한 과정, 그런 노력이 인성 발달에 미친 영향, 중도에 닥친 어려움과 극복 과정, 대학에서 해당 분야에 대한 전문성을 기른 후 사회적으로 기여할 수 있는 몫 등을 가능하면 인상적인 에피소드와 함께 기술하도록 한다.

자기소개서는 대학입학시험에서 면접의 기초자료가 되므로 신중하게 써야 하며, 특히 개인의 신상을 묻는 문제에서 내용의 진위를 확인하는 경우가 많음을 유의해야 한다.

그러므로 입시철이 닥쳐서 급하게 작성하지 말고, 평소에 꾸준히 쓰고 다듬는 과정을 반복하는 것이 좋다. 그런 과정을 통해 학생 스스로도 소질과 적성을 찾을 수 있을 뿐만 아니라 내용의 수준도 굉장히 높아지기 때문이다. 꾸준히 공들여 다듬은 글은 읽는 사람이 그 정성을 충분히 느낄 수 있다.

학업계획서

지망하는 대학 학과에 합격할 경우, 어떤 공부를 어떻게 할지를 밝히는 글.

■ **관련 검색어** 자기소개서, 입학사정관

> 한양대 미래인재전형으로 사회과학계열에 합격한 한 여학생은, 동아리는 교지편집부 활동을 했다. 방송 분야 진출을 생각하는 학생 대부분이 방송반을 선택하는 점과는 차이가 있다. 기사 쓰기로 글 쓰는 능력을 기르고, 교지 디자인으로 디자인 감각을 키우는 것이 장기적으로 방송인으로 성장하는 데 도움이 될 거라고 판단했다. (중략) 면접 준비는 학교에서 했다. 교사의 도움을 받아 모의면접을 하고 캠코더로 찍은 내용을 보며 부족한 부분을 교정했다. '비밀무기'도 준비했다. **학업계획서**에 입학 후 한양대 교내 방송국에서 일하고 싶다는 이야기를 적은 윤 양. 자신이 대학방송국에서 홍보물을 만들 때 쓰고 싶은 30초 분량의 창작곡을 준비했다. "마지막으로 자기 PR을 해보세요." 면접관이 묻자, 윤 양이 준비한 노래가 면접장에 울려 퍼졌다. "아름답고 소중한 세계속의 한양 신비로운 사랑을 키워갑니다.♪ 세계의 중심 한양대학교가 주역입니다.♬" 윤 양의 노래는 2주 뒤 합격통보의 메아리가 되어 돌아왔다.(출처–동아일보 2011.11.22)

학업계획서는 자신이 지망하는 대학 학과에 합격할 경우, 어떤 공부를 어떻게 할지를 밝히는 글이다. 대개 자기소개서 양식 안에 학업계획에 관련된 내용이 포함되기도 하는데 전형에 따라 학업계획서만 제출하도록 하기도 한다. 자기소개서가 응시자의 장점과 잠재력, 인성 등을 바탕으로 입학 후 진로나 학업계획을 파악하기 위한 총체적 평가 자료라면 학업계획서는 응시자가 전공하려는 분야에 대해 얼마나 관심이 있고 준비돼 있는지를 파악하기 위한 자료인 셈이다. 한마디로 입학 후 제대로 공부할 학생인지를 판단하는 자료라고 할 수 있다.

학업계획서는 일반적으로 해당 분야를 전공하려는 이유와 입학 후 학년별 활동계획, 대학동아리 활동계획, 장래포부 등을 쓰도록 양식이 정해져 있다. 그렇다고 단순히 계획을 나열하는 식이어서는 곤란하다. 단순 나열로는 공부하려는 의지와 열정을 드러낼 수 없기 때문이다.

입학사정관은 학업계획서를 통해서 응시생이 자기 대학의 학문 분야에 대해 안목이 갖추어져 있는지를 파악한다. 그러므로 섣부른 지식으로 전공 분야에 대해 지나치게 아는 체하기보다는 전공 분야에 단계적으로 접근할 수 있는 계획을 위주로 쓴다. 계획의 콘텐츠가 얼마나 탁월한지도 전공에 대한 평소의 관심과 적성을 드러내는 요소이기 때문이다.

장래포부를 밝힐 때도 단순히 어떤 직업을 갖겠다는 식의 계획보다 대학에서의 학업을 토대로 희망하는 직업군에서 어떤 활동을 할 계획인지, 그를 통해 해당 직업군 발전과 사회에 어떤 기여를 하고 싶은지 등을 구체적으로 기술하는 것이 좋다.

학업계획서에 이러한 내용이 자세히 나타나 있다는 것은 이미 준비가 되었다는 방증이고, 전공 공부에 대해서 훌륭한 계획을 수립한 인재라면 대학이 마다할 리가 없다.

포트폴리오

창의적 체험활동, 독서활동 등 비교과영역의 경력 및 실력 등을
증명하기 위한 작품(집) 또는 자료(집).

별칭 및 축약어　　자료수집철, (미술)활동보고자료
관련 검색어　　　　입학사정관, 창의적 체험활동

> 중앙대 광고홍보학과에 합격한 김 양의 **포트폴리오**에서 가장 앞에 나온 '스펙'은 무엇일까? 대부분은 각종 공모전 수상경력을 떠올릴 것이다. 하지만 총 6개 항목 중 김 양이 제시한 1순위는 독서활동이었다. 수상경력을 내세우기보다는 자신에게 의미 있는 내용을 중심으로 **포트폴리오**를 구성하는 것이 유리하다고 판단한 까닭이다. (중략) 폭넓은 독서활동은 김 양이 '학업능력 외에도 광고인이 되는 데 필요한 인문학적 소양을 갖췄다'는 입학사정관의 좋은 평가로 이어졌다. 김 양은 "스펙을 나열하기보다는 지원하는 전형의 인재상을 정확하게 파악한 뒤 이에 맞는 포트폴리오를 구성했다"면서 "다른 대학에서 총장상을 받은 경력이 있지만 지원할 때는 쓰지 않은 것도 같은 맥락"이라고 말했다. (출처-동아일보 2012.01.03)

　　　　포트폴리오란 사전적 의미로 서류가방, 자료수집철, 자료묶음 등을 뜻한다. 그러나 대학입시에서의 포트폴리오는 학생부와 자기소개서, 학업계획서에 나타난 응시자의 경력과 능력을 증빙하기 위한 다양한 근거자료의 의미로 사용되고 있다.

그러므로 학생의 이력이나 경력 또는 실력 등을 알아볼 수 있도록 만든 작품이나 관련 활동 등을 모아놓은 자료철 또는 자료묶음, 작품집, 증명서 등을 모두 포함한다.

최근 대학 입학 면접에서 평가를 위한 증빙 서류를 포트폴리오의 형태로 요구하자 입시 전반으로 포트폴리오의 사용이 보편화되었다. 이에 입학사정관 전형에 응시하려는 학생은 고등학교 재학 시절 동안 전공과 연관성이 깊은 주제를 토대로 창의적 체험 활동에 적극적으로 참여하는 것이 바람직하다. 그리고 난 후 자신이 지원하는 대학에서 원하는 모습을 솔직하게 표현하고

디자인해 입학사정관을 설득해야 한다

포트폴리오를 구성하는 가장 이상적인 방법은 본인이 희망하는 학교와 전공에 대한 면밀한 분석 후에 본인의 학교생활기록부와 기타 활동사항을 모아놓고 희망 분야에 지원하기 위해 어떤 활동을 했는지, 왜 그 활동이 연관이 되는지에 대한 점검을 하는 것이다.

예시문에서 언급한 학생은 광고홍보학과와 독서활동 자체로는 연결고리가 미약하지만 광고 및 홍보전문가의 꿈을 키우는 데 영향을 미친 독서활동에 대한 포트폴리오를 구성함으로써 훌륭한 연결고리를 만들어 합격한 경우이다.

이처럼 포트폴리오는 단순히 학생을 선발하기 위한 자료가 아니라 학생이 지향하는 바를 향해 노력해온 과정을 통해 앞으로의 가능성을 판단하는 자료라고 할 수 있다. 즉, 체험활동이나 독서활동 등을 통해 이만한 포트폴리오를 구성할 만큼 성장할 수 있었으므로 대학에서 전문적으로 공부할 기회를 준다면 더 큰 가능성을 보여줄 수 있음을 증명하는 자료가 바로 포트폴리오인 셈이다.

포트폴리오를 제출해야하는 입학사정관전형으로는 연세대학교 창의인재전형(우수성 입증자료), 서강대학교 자기추천전형(우수성 관련자료), 성균관대 성균인재전형(서류), 한양대 미래인재전형(증빙서류), 이화여대 미래인재전형(서류), 중앙대 다빈치인재전형(서류), 경희대 창의적 체험활동전형(창의적 체험 활동보고서 또는 활동자료 및 실적물) 등이 있다.

입학사정관제

입시 전형 전문가인 입학사정관을 통해 학생의 잠재능력과 소질, 가능성 등을
종합적으로 평가해 신입생을 선발하는 제도.

별칭 및 축약어 입사제
관련 검색어 비교과영역, 창의적 체험활동, 자기소개서, 학업계획서,
포트폴리오, 입학사정관

> 2014년부터 수능제도가 바뀌어도 쉬운 수능 기조는 유지된다. 근본적으로 수능
> 의 영향력을 약화시켜야 한다고 생각한다. 지필고사로 단순한 지식을 측정하기
> 보다 창의력을 보고 **입학사정관제** 위주로 가는 것이 정부 정책이다.(출처−동아일보
> 2011.11.29)

입학사정관제는 입시 전형 전문가인 입학사정관이 학생의 잠
재능력과 소질, 가능성 등을 종합적으로 평가해 신입생을 선발하는 제도를
말한다. 교과 성적과 수능 점수만으로 학생을 선발하는 기존 입시제도가 지
나친 점수 경쟁을 부추겨 사교육을 조장하고 대학의 학생선발 권한을 제한한
다는 문제제기가 잇따르면서 해결책 모색의 일환으로 도입됐다.

따라서 입학사정관제의 핵심은 대학의 학생선발 권한을 확대해 성적 위주의
획일적인 선발방식에서 벗어나는 데 있다. 대학이 학생을 자유롭게 선발하게
되면 대학이 원하는 인재상이나 모집단위의 특성에 따라 다양한 전형 유형이
등장할 수 있기 때문이다. 실제 입학사정관제는 교과 성적이나 수능 점수만
이 아닌 응시자의 잠재능력과 인성, 가치관, 가능성 등을 종합적으로 평가해
선발하는 대표적인 전형 유형으로 자리 잡아가고 있다.

이는 입시 전형 전문가인 입학사정관이 서류심사와 면접 등을 통해 응시자
를 면밀히 평가할 수 있게 되면서 가능해진 일이었다. 기존 입시제도는 수량

화된 점수 외에는 응시자를 평가할 여력이 부족하지만 입학사정관이 학생 평가를 전문적으로 담당하는 입학사정관제는 응시자에 대한 보다 심층적, 다면적인 평가가 가능하기 때문이다.

일각에서는 입학사정관제를 겨냥한 또 다른 사교육 시장의 형성을 우려하고 입학사정관의 정성적 평가방식을 신뢰할 수 없다는 문제도 제기하고 있다. 하지만 앞으로 입학사정관제의 순기능이 입증되고 공정성에 대한 신뢰가 확고해진다면 대학입시 전반으로 이 제도가 확대될 가능성이 높다. 결국 수험생 입장에서는 각자의 적성과 희망하는 진로에 따라 원하는 전형에 응시할 수 있는 길이 더욱 넓어질 것으로 전망된다.

최근 대교협에서 '입학사정관제'에 대한 대체 용어를 공모했는데 여기서 입상한 용어를 통해 입학사정관에 대한 이해를 도우려 한다. 공모전에서 우수상으로 선정된 용어는 '창의인재 선발제' '입학 다면평가제' '입학 다면심사제' '잠재능력 평가제'였고, 장려상으로 선정된 용어는 '꿈나무 선발제' '맞춤형 입학제' '미래인재 선발제' '잠재역량 선발제' '차세대 인재선발제도' '참 인재발굴전형' '학교교육활동중심 선발제' '학생다면평가제'였다.

입학사정관

대학의 인재상이나 모집단위 특성에 맞는 신입생을 선발하는 전문가.

■ 관련 검색어 비교과영역, 창의적 체험활동, 자기소개서, 학업계획서, 포트폴리오, 입학사정관제

> 대학의 학생선발을 맡는 **입학사정관**이 직무상 부정행위를 저지른 경우 올해부터 공무원에 준해 형법상 뇌물죄로 처벌된다. 또 입학사정관은 퇴직 후 3년 동안 학원 설립이나 취업이 금지되고 입시상담 전문 업체를 설립하거나 취업할 수 없게 된다.(출처-한국일보 2011.01.01)

입학사정관제 운영을 위해 대학이 채용하는 입시 전형 전문가를 입학사정관이라고 한다. 대학이 원하는 인재상 또는 모집단위 특성에 맞는 신입생을 선발하기 위해 효과적인 전형방법을 연구, 개발하고 실제 학생선발을 담당한다.

입학사정관은 기존 입시제도에서는 보려고도 하지 않고, 볼 수도 없었던 응시자의 잠재된 내면을 평가해야 하는 직책이다. 응시자가 적성에 맞는 진로를 희망하고 있는지, 학업 기회를 주었을 때 학업에 열정적으로 임해 성장할 가능성이 있는지, 사회적으로도 쓸모 있는 인재상인지 등을 두루 판단해 신입생을 선발하는 것이 입학사정관의 역할이기 때문이다.

입학사정관은 학생부와 자기소개서, 학업계획서, 포트폴리오 등 다양한 자료를 검토하고 심층면접을 통해 응시자의 능력을 최대한 객관적이고 공정하게 평가하려고 노력하겠지만 그들의 역량과 가치관이 합격 여부에 미치는 영향력을 무시할 수는 없다.

따라서 입학사정관에 대한 신뢰가 입학사정관제 정착의 핵심이라고 볼 수 있다. 입학사정관의 학생 평가능력과 공정성을 믿을 수 있어야 입학사정관제 확대에 사회적으로도 동의하고 지지할 수 있을 것이기 때문이다. 입학사정관에 대한 신뢰 확보는 정부에서도 노력하는 부분이다. 2012년 현재, 22%에 불과한 정규직 비율을 높여 입학사정관의

자료: 한국대학교육협의회(이군현 의원실)

정규직화를 추진함으로써 유능한 인력이 유입될 수 있도록 정책 마련에 나서고 있을 뿐 아니라 대학의 입학사정관 교육과 운영평가에 대한 지원도 하고 있다.

학생부우수자전형

학생부상의 내신(교과)등급이 높은 학생들을 우선 선발하는 전형.

별칭 및 축약어 학생부 전형, 교과우수자전형
관련 검색어 학교생활기록부, 교과영역, 비교과영역, 석차등급

> 입학사정관이 참여하는 전형이라도 대학별, 전공별, 전형별로 평가 요소의 비중이 다르다는 것이다. 예컨대 지역우수인재전형이나 **학생부우수자전형**에선 내신 성적이 상대적으로 중요할 수 있지만, 봉사활동을 중시하는 전형에선 덜 중요하다. 전공에 따른 특성도 고려해야 한다.(출처-동아일보 2011.11.03)

학생부우수자전형은 학생부상의 교과영역 성적, 즉 내신(교과) 성적이 높은 학생들을 대학이 우선적으로 선발하기 위한 전형이다. 고교 간 학력차이가 배제되는 전형이므로 정원이 많은 일반 고등학교에서 꾸준히 최상위권 석차와 등급을 유지하는 학생에게 유리하다. 반면 내신(교과)이 상대적으로 불리한 특목고나 자사고 학생들에게는 불리한 전형이다.

서울대 '지역균형선발전형', 연세대 '학교생활우수자트랙', 고려대 '학교장추천전형', 서강대 '학교생활우수자전형', 서울시립대 '서울핵심인재특별전형', 경희대 '학교생활충실자전형', 한양대 '학업우수자전형' 등이 모두 학생부우수자전형에 해당한다.

통상적으로 서울 소재 상위권 대학 학생부우수자전형에 지원하려면 내신(교과) 평균등급이 1.3등급권은 돼야 한다. 교과 성적을 기준으로 1차 선발한 다음 서류심사와 면접을 거쳐 최종 합격자를 선발하는 전형이 대부분이므로 교과 성적이 불리하면 1단계 심사과정도 통과할 수 없다. 이렇게 교과 성적을

최우선 평가기준으로 삼기는 하지만 전형요소 반영비율은 대학마다 차이가 있다. 전 학년 내신(교과)이 아닌 2, 3학년 교과 성적만 반영하거나 비교과영역을 일부 반영하기도 하고 서울대, 연세대와 고려대처럼 학교장 추천서가 있어야 지원이 가능하도록 제한을 두기도 한다.

상대평가, 절대평가 되풀이한
고교 내신 변천사

고교 내신 제도는 절대평가와 상대평가가 번갈아 실시됐다. 절대평가가 90점 이상이면 '수', 80점 이상이면 '우'를 주는 식으로 개인의 성적 그대로를 평가하는 것이라면 상대평가는 다른 학생들과의 비교를 통해 성적을 재평가하는 것이다.

절대평가는 다른 학생들의 수준은 상관없이 자기 점수에만 신경 쓰면 되므로 학생의 부담이 적은 장점이 있는 반면 대학입시를 위해 모든 학생의 성적을 올려주는 이른바 '내신 부풀리기'라는 부작용을 초래했다. 반면 상대평가는 이런 폐해는 없으나, 누군가는 낮은 등급을 받을 수밖에 없다는 점에서 과열경쟁을 야기했다. 모든 학생을 9등급으로 나눠 비율대로 배분해야 하므로 우수한 학생들이 모인 집단에서도 1등급부터 9등급까지 등급을 구분할 수밖에 없다. 이 때문에 만점을 받고도 1등급 기준선인 4% 내에 들지 못해 2

등급, 3등급을 받는 어이없는 사태가 벌어지기도 했다. 실제 최상위권 학생들이 몰린 외국어고나 자율형사립고에서는 만점자가 2~3등급을 받는 사례가 드물지 않았다.

1981년 고교 내신이 처음 도입될 당시는 과목별이 아닌 전 과목 총점석차에 의해 등급(15등급)이 결정되는 상대평가 방식이었다. 그러나 점수로 학생을 서열화한다는 비판이 제기되자 1995년 '5·31 교육개혁'을 통해 '학교생활기록부'를 도입하면서 절대평가로 전환했다.

1996년부터 시작된 절대평가는 교과별 성취도(수·우·미·양·가)와 석차 및 재적수를 모두 표기하는 방식으로 운영됐다. 그러자 일선 학교에서 시험문제를 쉽게 출제해 다수의 학생이 높은 성적을 받을 수 있도록 하는 '내신 부풀리기'가 만연했다. 이에 따라 대학은 고등학교의 학생부를 신뢰하지 않게 됐고 결국 입시에서 학생부 반영비중은 낮추고 수능시험의 비중을 높이는 결과를 낳았다.

입시에서 학생부, 즉 내신 성적의 영향력이 줄어들자 수능 준비를 위해 학교교육을 소홀히 하는 기형적인 교육환경이 조성됐다. 이런 문제를 해결하고자 2004년, '학교교육 정상화를 위한 2008학년도 이후 대학입학제도 개선안'이 발표됐는데 이 개선안의 핵심이 9등급제 상대평가 방식의 도입이었다. 1등급부터 9등급까지 과목별 석차등급을 표기하고 단위수, 원점수, 과목 평균, 표준편차도 함께 표기해 해당 등급의 수준을 가늠할 수 있도록 보완장치도 마련했다. 이를 통해 '내신 부풀리기'를 방지하고 학생부에 대한 대학의 신뢰도를 높여 입시에서 점차 학생부의 반영비중이 높아지는 등 성과를 거

두기도 했다.

그러나 2014학년도 고교 신입생부터 내신 상대평가제는 다시 절대평가제로 전환된다. "석차 9등급제는 교육과정에서 제시한 학업성취 수준을 얼마나 달성했는지보다 등수에 의해 일률적으로 학생을 상대평가하는 문제점을 가지고 있다"며 다시 점수에 따라 A·B·C·D·E·F 성취도를 부여하는 절대평가를 도입하기로 한 것이다. 1981년 대입 때부터 도입된 고교 내신제도는 30여 년 동안 절대평가와 상대평가가 이렇게 되풀이되어왔다.

Q&A로 풀어보는
학생부 궁금증

Q1 학생부 성적이 나빠도 수시모집에 지원이 가능한가요?

A1 가능합니다. 수시모집에는 내신(교과) 성적이 우수한 학생을 선발하는 학생부 우수자전형도 있지만 논술, 면접, 전공에 대한 적성, 비교과영역 등 다양한 전형요소를 반영해 선발하는 전형도 많습니다. 그러므로 학생부 성적이 나쁘더라도 유리한 전형을 찾아 지원할 수 있습니다. 내신(교과) 성적보다 응시자의 경력과 능력을 중시하는 전형이나 면접, 논술, 전공적성검사 등 대학에서 별도의 시험을 거쳐 합격자를 선발하는 대학별고사의 비중이 높은 전형을 노려볼 만합니다.

Q2 학생부 성적은 전 과목 성적을 반영하나요?

A2 아닙니다. 전 과목 성적을 반영하는 서울대와 교대를 제외한 대부분의

대학에서 모집단위나 계열 특성에 맞는 일부 과목의 성적을 반영합니다. 보통 인문계는 국어·영어·수학·사회를 위주로 반영하고, 자연계는 국어·영어·수학·과학을 위주로 반영하므로 지원하려는 대학의 계열 및 모집단위에 따라 내신 관리를 하는 것이 효과적입니다.

Q3 3학년 2학기의 내신 성적도 관리해야 하나요?

A3 수시모집 1차와 2차의 경우, 3학년 1학기까지의 내신 성적만 반영하므로 수시모집 1, 2차에 합격을 자신한다면 2학기 내신까지 관리할 필요는 없습니다. 또 내신을 아예 반영하지 않는 정시모집의 수능 100% 전형도 있습니다. 그러나 이를 제외한 대부분의 전형은 3학년 2학기 내신을 반영합니다. 수시모집 1, 2차와 정시모집 수능 100% 전형만을 목표로 할 계획이 아니라면 고교 졸업 때까지 학업 성적에 신경 써야 한다는 뜻입니다. 참고로 재수생은 수시 1, 2차에 지원하는 경우라도 3학년 2학기 성적이 반영됩니다.(이화여대 등 일부 대학은 재수생도 3학년 1학기까지의 성적만 반영)

Q4 지원하려는 전형의 학생부 반영방식을 보니 '이수단위'를 반영하지 않는다고 합니다. 무슨 의미인가요?

A4 교과목 단위수와 상관없이 성적을 같은 비율로 산출하겠다는 말입니다. 가령, 4단위인 국어 점수가 90점이고 1단위인 도덕 점수도 90점이라면 단위수를 반영한 환산점수는 국어(4×90)가 360점, 도덕(1×90)이 90점이 되지만 단위수를 반영하지 않으면 90점으로 동등한 점수가 됩니다. 이렇게 되면 단위수가 높은 과목에서 좋은 성적을 거둬도 유리할 것이 없습니다. 보통은 과

목 성적을 점수가 아닌 석차등급으로 반영하므로 아래 2012학년도 중앙대 입시 전형을 참고해 설명해보겠습니다.

중앙대학교 학생부 반영방법

1. 반영 교과(인문) : 국어, 영어, 수학, 사회 과목들 중 이수한 모든 과목
※이수단위는 반영하지 않으며 지정 교과영역 안에서 이수한 모든 교과목 성적(석차등급)을 반영합니다.

지정 교과영역 안에서 이수한 모든 교과목의 석차등급을 반영한다는 것은 1학년부터 3학년까지 국어, 영어, 수학, 사회에 해당하는 모든 과목의 평균석차등급(평균등급)을 반영한다는 뜻입니다. 교과영역별로 모든 과목을 예로 들기는 어려우므로 국어의 예만 살펴보겠습니다.

고교 3년간 국어교과에서 국어, 국어와 생활, 문학, 독서, 작문을 이수한 어느 학생의 각 과목 석차등급은 다음과 같습니다.

국어 : 1-1학기 4단위 4등급 / 1-2학기 4단위 2등급
국어와 생활 : 2-1학기 2단위 1등급 / 2-2학기 2단위 1등급
문학 : 2-1학기 4단위 3등급 / 2-2학기 4단위 2등급
독서 : 3-1학기 1단위 1등급 / 3-2학기 1단위 1등급
작문 : 3-1학기 4단위 4등급 / 3-2학기 4단위 3등급

이수한 모든 국어 관련 과목의 평균석차등급을 산출하는 방식은 다음과 같습니다.

이수단위를 반영한 평균등급 산출공식 :

$$평균석차등급 = \frac{\Sigma(반영\ 교과목별\ 석차등급 \times 단위수)}{반영\ 과목\ 단위수\ 총합}$$

→ {(4×4)+(4×2)+(2×1)+(2×1)+(4×3)+(4×2)+(1×1)+(1×1)+(4×4)+(4×3)}÷30 = 2.6 등급

이수단위를 반영하지 않은 평균등급 산출공식 : $\frac{반영\ 과목\ 석차등급의\ 합}{반영\ 과목\ 수의\ 합}$

→ (4+2+1+1+3+2+1+1+4+3)÷10 = 2.2 등급

따라서 이 학생의 이수단위를 반영한 평균석차등급은 2.6등급이지만 이수단위를 반영하지 않은 평균석차등급은 2.2등급이 됩니다. 이수단위를 반영한 경우와 반영하지 않은 경우의 평균석차등급이 동일한 경우도 있기는 하지만 이수단위를 반영하는 경우가 반영하지 않는 경우보다 평균석차등급이 불리해지는 예가 일반적입니다. 특히 단위수가 높은 과목에서 좋은 점수를 얻지 못했을 때 더욱 그렇습니다.

Q5 수시모집 일반전형(논술전형)에서 비교과영역이 차지하는 비중이 어느 정도인지, 실질적인 영향력은 얼마나 큰지 궁금합니다.

A5 지원하는 대학에 따라 차이가 있지만 수시모집 일반전형에서 학생부 비

교과영역을 반영하는 비율은 주요 상위권 대학의 경우 약 10~20%입니다. 나머지 80~90%는 교과영역, 즉 내신 성적을 반영하므로 비교과영역이 차지하는 비중은 높지 않습니다. 비교과영역을 반영할 때도 출결상황, 봉사활동시간을 기준으로 삼는 경우가 대부분입니다. 출결상황은 3년 동안 무단결석 2~3일 이내, 봉사활동시간은 3년 동안 40시간 이상이면 만점인 경우가 많으므로 이 부분에서 감점 요인이 없다면 특별히 걱정할 필요는 없습니다. 결국 수시모집 논술전형에서 비교과영역의 영향력은 미미한 수준이라고 할 수 있습니다.

Q6 수시모집에 지원하려고 하는데 '석차등급별 기준점수'라는 용어가 많이 나옵니다. 무슨 뜻인가요?

A6 석차등급 기준점수란 석차등급에 일정한 점수를 부여하는 것입니다. 내신등급을 점수로 표시하는 것으로 보통 반영 교과의 평균석차등급을 낸 다음 이를 점수로 바꿔 평가하는 경우가 많습니다. 석차등급 기준점수는 대학마다 다른 기준을 적용합니다 아래는 건국대이 석차등급 기준점수로 1~5등급까지는 짐수 차가 그지 않지만 6등급 이하부터는 10점 이상 점수 차가 벌어지는 것을 볼 수 있습니다. 따라서 내신 5등급 미만의 학생이 건국대에 지원하는 것은 상당히 불리합니다.

건국대의 석차등급 기준점수

석차등급	1등급	2등급	3등급	4등급	5등급	6등급	7등급	8등급	9등급
인문계/자연계	55	53.3	51.1	48.4	44.2	35	24.7	13.7	0
예·체능계	22	21.3	20.4	19.3	17.6	14	9.8	5.4	0

Q7 학생부 수상경력이 부족하면 입학사정관제전형으로 합격이 어려운가요?

A7 수상경력보다 더 훌륭한 활동 내용이 있으면 좋은 결과가 나올 수도 있습니다. 창의적 체험활동에서 훌륭한 활약상을 보여주거나 풍부한 독서활동의 결과물을 보여주는 등 교과영역과 비교과영역에 고루 충실했음을 보여줄 수 있다면 수상경력보다 더 좋은 평가를 받을 수 있습니다. 다만, 수상실적이 평균보다 많이 부족하거나 다른 비교과영역의 활동이 저조한 경우 자기소개서와 면접에서 그 이유를 충분히 소명할 필요는 있습니다. 이유가 합당하고 부족한 부분을 상쇄할 만큼의 잠재력과 발전 가능성을 평가받는다면 얼마든지 합격선에 들 수 있습니다.

Q8 고교 내신 절대평가라는 말이 많이 들려오는데 지금까지와는 다른 방법으로 내신을 평가한다는 뜻인가요?

A8 고교 내신 절대평가는 시범운영을 거쳐 2014학년도부터 전면 시행됩니다. 현 고교 내신 평가방식은 내신성적을 1~9등급까지 석차등급으로 나누는 등급제 상대평가 방식입니다. 점수를 기준으로 등급을 나누고 상위 4% 이내에게만 1등급을 부여하는 식으로 상대평가를 하는 방식이기 때문에 우수한 학생들 사이에서 경쟁할 경우 불리한 등급을 받을 수 있고 지나친 성적 경쟁을 부추긴다는 비판이 제기돼왔습니다. 내신 절대평가는 점수를 기준으로 등급을 나누는 것이 아니라 학업성취도를 기준으로 A~F등급으로 구분하는 방식입니다. 학업성취도의 수준을 성취율로 구분해 90% 이상이면 A, 80% 이상이면 B를 부여하는 식입니다. 등급별 학생 수를 일정비율로 배분

하지 않고 성취율에 해당하면 그에 맞는 등급을 부여하기 때문에 성취율을 기준으로 하는 절대평가 방식이라고 할 수 있습니다. 내신 절대평가제가 도입되면 상대평가제 때문에 불리한 내신등급을 감수해야 했던 특목고나 비평준화 명문고 재학생들에게 유리한 면이 있을 것으로 기대됩니다.

Q9 학생부우수자전형과 입학사정관전형의 학생부 반영 방법이 동일한가요?

A9 학생부는 교과영역과 비교과영역으로 구분되는데 교과영역은 교과 성적, 비교과영역은 출결상황, 창의적 체험활동·봉사활동·독서활동 등을 말합니다. 학생부우수자전형은 이 중 교과영역의 성적을 주로 반영합니다. 교과 성적 우수자를 우선 선발한 후 서류심사와 면접을 거쳐 최종 합격자를 선발하므로 교과 성적이 불리하면 1단계 심사과정도 통과하기 어렵습니다. 이에 비해 입학사정관전형은 교과 성적도 참고하지만 비교과영역을 더욱 중요하게 평가합니다. 비교과영역에서의 활동 내용을 토대로 응시자의 적성과 자질, 인성, 발전 가능성 등을 평가해 합격자를 선발하려는 것이 입학사정관전형의 취지이기 때문입니다. 교과 성적을 반영할 때도 단순히 성적을 보는 것이 아니라 어느 교과의 성석이 우수한지, 성적이 점차 향상되었는지 떨어졌는지 등을 다각도로 평가하고 응시자가 전공하려는 분야와 관련된 교과 성적의 반영비중을 높이는 식으로 평가합니다.

대학별고사 활용하기

내신 성적과 수능 점수만으로 우수한 학생을 선발하는 데 한계를 느낀
대학들을 중심으로 대학별고사가 확대되고 있다.
대학별고사의 중심 전형으로 자리 잡은 논술고사 등
논술과 면접 준비를 위해 꼭 알아야 할 개념어 11.

대학별고사 _ 논술고사 _ 통합교과형 논술 _ 수리논술
논제 _ 제시문 _ 논술전형 우선선발 _ 논술전형 일반선발
수능최저학력기준 _ 면접고사 _ 전공적성검사

대학별고사

신입생 선발을 위해 대학이 독자적으로 실시하는 시험.

유사어	본고사(舊)
관련 검색어	논술고사, 면접고사, 전공적성검사, 제시문, 논제, 입학사정관제

> 올해 수능이 '물수능'이 될 가능성이 높아짐에 따라 등급별 변별력을 가리기 위해 **대학별고사**의 비중이 커질 것이라는 관측이 많다.(출처―동아일보 2011.03.31)

대학별고사란 대학에서 자체적으로 실시하는 시험을 말하며 현재 논술, 면접, 전공적성검사 유형으로 실시되고 있다.

논술고사는 개별 교과지식을 바탕으로 주어진 제시문을 분석해 논제를 통해 질문하는 바를 논리적으로 해결하는 시험이다. 면접고사는 면접관과 수험생이 대면이라는 과정을 통해 학생부 성적이나 수능 성적으로 평가할 수 없는 학생의 잠재력과 지적 능력, 대학에서의 학업수행 능력을 판단하는 시험이다. 유형은 크게 학생의 인성이나 가치관, 사회관, 인생관 등을 측정하는 기본소양면접과 전공에 대한 수학능력이나 적성을 알아보는 학업적성면접으로 나뉜다. 적성검사는 학생들이 대학에서 공부할 때 필요한 수학능력, 전공에 대한 이해능력 등을 평가하는 시험이다. 객관식 출제가 일반적이며, 정해진 시간 안에 빠른 속도로 풀어야 하는 것이 시험의 특징이다.

대학입시는 '국가고사＋내신 성적＋대학별고사'라는 세 가지 축으로 학생을 선발해왔다. 입시 초창기의 대학별고사는 지필고사 형태로서, 대학이 고난도의 국영수 문제를 출제해 우수 학생을 선발했다. 그에 따라 사교육 조장과 공교육 붕괴의 부작용이 생긴다는 비판이 많았다. 결국 정부의 '3불정책*'에 의해 과거의 본고사 형식의 대학별고사는 폐지되면서 논술고사가 대학별고사의 중심 전형으로 자리 잡았다. 이후 면접과 적성시험이 도입되어 현재의 대학별고사의 틀이 완성되었다. 최근에는 입학사정관제가 도입되면서 일종의 대학별고사로 받아들여지고 있는데 엄밀하게 말해 입학사정관제는 시험을 통해 학생을 선발하는 데서 발생하는 문제점을 해결하기 위해 도입한 제도이므로 양자는 구별되어야 한다.

최근에는 학생부우수자전형 등을 제외한 대부분의 전형에서 내신 성적의 반영비중이 줄어들고 수능시험이 쉬워지면서 내신 성적과 수능 점수만으로 우수한 학생을 선발하는 데 한계를 느낀 대학들을 중심으로 대학별고사가 확대되는 양상을 보이고 있다. 내신 성적과 수능 점수, 대학별고사를 적절히 반영해 신입생을 선발하는 방식이 일반적인 입시 유형으로 자리 잡아가고 있다.

이전에는 수시모집은 논술과 학생부(내신 성적), 정시모집은 수능시험이 대표적인 학생선발 방식이었지만 최근에 수시모집과 입학사정관제, 대학별고사가 확대·강화되는 방향으로 입시 환경이 달라지면서 수능시험은 대학입시에서 여러 전형요소 중의 하나일 뿐 절대적인 수단이라고 할 수 없게 되었다. 따라서 기존의 방식대로 수능시험 위주의 입시 준비를 고수하는 것은 비전략적인 수험 준비라고 판단된다.

그러므로 수능 준비에만 매달릴 것이 아니라 변화하는 입시 환경에 맞는 입

---

* **3불정책** 우리나라 교육정책에서 금지되어온 3가지 기본 정책으로, 본고사·고교등급제·기여입학제 금지 정책을 말한다.

시전략을 세우는 것이 중요하다. 대학별고사를 치러야 할 경우를 대비해 논술과 면접을 준비하고 적성에 맞는 전공 분야를 잘 선택하는 것, 입학사정관제를 대비해 특기할만한 능력과 경력을 갖추고 필요한 서류를 준비해보는 것 등이 모두 현명한 입시전략이 될 수 있다.

논술고사

글을 이해하고 분석하는 능력, 논리적이고 창의적인 글쓰기 능력 등
종합적인 사고력을 측정하는 시험.

유사어	논술시험
관련 검색어	수시모집, 일반전형, 대학별고사, 통합교과형 논술, 제시문, 논제

> 교육과학기술부는 사교육비 경감대책의 일환으로 수시모집에서 논술전형 축소를 주요 대학들에 지속적으로 요청해왔었다. 하지만 주요 대학들은 약 10년간 **논술고사**가 안정적으로 입시의 중요한 요소로 정착되어왔고 오히려 갑작스러운 입시 변화는 수험생들에게 혼란만 가중될 수 있기 때문에 올해도 역시 수시에서 가장 많은 인원을 논술전형으로 선발할 전망이다. (출처—한국경제 2012.03.28)

논술고사는 대학별고사의 한 종류로 학생들의 창의적인 문제 해결 능력과 논리적인 글쓰기 능력을 측정하는 시험이다.

논술고사는 1994학년도 대입부터 학생들의 논증력과 이해력, 분석력 등 종합사고력을 증진한다는 목표로 시작되었다. 2007년에 통합교과형 논술이 도입되면서 논제민 출제되는 일반석인 논술시험과는 달리 다양한 제시문이 함께 제공되고 이를 기초로 논제를 해결하는 한국형 논술고사의 형태로 정착되었다. 그러다가 2009년 교육부의 논술 가이드라인*이 폐지되면서 본래의 논술 도입 취지와는 달리 정답이 정해져 있는 본고사 형태로 회귀하는 듯한 모습도 보이고 있다.

현재 논술고사는 제시문에 문제 상황, 배경, 이론, 다양한 해결책 등을 제시하

---

* **논술 가이드라인**: 단답형·선다형문제, 특정 교과의 암기된 지식을 묻는 문제, 수학·과학 풀이 과정이나 정답을 요구하는 문제, 외국어 제시문의 번역·해석을 요구하는 문제 등을 본고사형으로 규정해 출제하지 못하도록 한 것.

고 이를 기초로 논제를 해결하는 형식으로 대학별로 유형화되었고, 상위권 주요 대학의 수시모집에서는 논술고사가 가장 중요한 전형으로 자리 잡고 있다. 논술고사는 모범답안이 정해져 있기 때문에 출제자의 의도에 얼마나 근접한 답안을 작성하는지가 관건이다. 출제자의 의도가 담긴 제시문과 논제를 이해하지 못한 상태에서 글을 쓰게 되면 엉뚱한 논리 전개로 흐를 가능성이 높아 결코 좋은 평가를 받을 수 없다. 제시문과 논제를 정확하게 이해하기 위해서는 교과영역 전반에 대한 이해와 지식이 뒷받침돼야 하므로 지금의 논술고사는 학업능력과 사고력을 종합적으로 평가하는 시험이라고도 할 수 있다.

논술고사는 상위권 대학의 대학별고사에서 가장 핵심적인 시험으로 주요 대학의 경우 논술 실력이 당락을 결정한다고 해도 과언이 아니다. 이러한 논술고사의 중요성에도 불구하고 대부분의 수험생은 그 중요성에 상응하는 준비를 거의 안 하거나 충분히 준비하지 못한 상태에서 시험장에 들어가고 있는 실정이다.

위와 같은 모순된 상황이 연출되는 주요한 이유로는 첫째, 논술이 정규 과목이 아니라는 것이다. 현재 논술은 학교 일선에서 정규 교과목이 아니다. 그렇다 보니 학생들은 제대로 된 수업과 평가를 받아본 적이 없고 당연히 체계적인 준비를 해본 적이 없다. 따라서 막상 고3 수험생이 되어 논술고사를 준비하려고 하니 수험생 입장에서는 엄두가 나지 않는 것이다.

둘째, 대학 측이 논술 성적 결과를 공개하지 않는다. 논술시험이 끝나면 대학 측은 문제와 해제는 발표하지만 성적 결과는 공개하지 않는다. 그 결과 수험생들은 정확한 평가기준과 합격 수준을 알기 어렵고 합격을 위해 어느 정도의 학습량이 필요한지 가늠하기 어렵다. 수험생 입장에서 볼 때 합리적인 시험 준비가 어려운 현실이다.

셋째, 수능 성적과의 연계 문제다. 현재 수시 논술전형에서 일부 대학은 수능최저학력기준을 적용하고 있지 않지만 대부분의 상위권 대학에서는 이를 엄격하게 적용하고 있다. 수시 논술전형에서 수능최저학력기준을 충족시키지 못하면 논술고사에서 만점을 받아도 불합격이다. 그리고 우선선발기준을 충족시켰을 경우 합격률이 상승하는 것은 주지의 사실이다. 따라서 상위권 수험생들은 논술전형 우선선발기준을 충족시키기 위해서, 중하위권 수험생들은 수능최저학력기준을 맞추기 위해서 수능 준비에 매진하다 보니 자연스럽게 논술고사 준비를 등한시할 수밖에 없게 된다.

논술고사는 대학별고사에 속하지만 수험생이 실질적으로 논술고사에 응시할 대학을 결정하는 기준은 지원하는 대학의 논술 유형에 대한 적합성이 아니라 수능 성적이다. 수험생이 A대학을 가고자 할 때 본인의 수능 성적으로 정시에서 합격 가능하면 A대학의 논술고사에 응시할 이유가 없다. 수능 성적이 최저기준에 못미치면 논술시험을 아무리 잘 봐도 불합격이다. 즉, 이 수험생이 A대학 논술전형을 아무리 열심히 준비해도 수능 성적 여하에 따라 지원 자체가 의미 없게 될 수 있다.

논술고사 유형이 대학별로 다르다고 해도 70% 정도는 유사하다. 따라서 평소 일정시간을 할애해 평균 2000자(논술고사 답안 평균 분량) 정도를 쓸 수 있는 지구력을 기르고 공통 논제 유형을 학습해두는 것이 필요하다. 그리고 수시 지원 후 해당 대학의 논술고사 유형을 집중적으로 준비하는 것이 짧은 수험기간에 할 수 있는 최선의 논술고사 준비다.

체계적인 논술고사 준비는 현행 입시 경향을 고려해볼 때 위험관리 차원에서도 매우 중요하다. 6월, 9월 모의평가에서 언어영역·수리영역·외국어영역 모두 1등급이 나온 상위권 성적대의 수험생이 실제 수능에서 유사한 성적을 받을 확률은 수험생의 기대보다 훨씬 낮다. 최근의 EBS 연계 및 영역별 만점자

1% 유지 정책으로 인해 수능시험의 변별력이 크게 저하되었고 그 결과 작은 실수에도 백분위나 등급의 변동폭은 매우 커지게 된다.(2012학년도 입시에서 외국어영역은 원점수 기준 98 미만은 2등급이었다. 즉, 2점짜리 문제 2개나 3점짜리 문제 1개를 틀리면 2등급을 받았다.) 수능이 쉽게 출제되다 보니 상위권 대학 우선선발 기준을 충족시키는 수험생의 비율도 급상승해 2012학년도 연세대의 인문계 일반전형(논술 전형)의 우선선발 평균 경쟁률은 8대 1이 넘었다. 즉, 평소 실력대로 수능 성적을 받기 어려울 뿐만 아니라 수능 결과가 좋아 우선선발기준에 든다고 하더라도 높아진 경쟁률 때문에 과거처럼 논술전형으로 쉽게 합격하기 어려운 환경이 되었다.

논술 준비는 특히 상위권 대학의 수시모집 합격을 목표로 하는 수험생이라면 반드시 해야 하는 입시 준비에 해당한다. 상위권 대학일수록 수시모집에서 논술전형으로 신입생을 선발하는 비율이 높고 논술 실력이 당락을 좌우하는 경우가 많기 때문이다. 수능 성적을 우선선발 기준과 최저학력기준으로 적용한다고 해도 논술 실력이 기본전제가 되지 않으면 합격권에 들 수 없는 것이 상위권 대학 수시모집 논술전형의 특징이다.

그리고 상위권 대학의 수시모집 지원을 목표로 하지 않는다고 해서 논술 준비를 외면하는 것은 바람직하지 않다. 중상위권의 일부 대학은 수시 논술전형에서 수능최저학력기준을 적용하지 않고 순수하게 논술 성적만을 반영해 선발하기 때문에 논술 실력이 뛰어난 수험생은 합격 가능성이 매우 높다. 그리고 정시모집보다 수시모집 비율을 늘려가는 현 입시 환경으로 볼 때 앞으로 대학별고사, 특히 논술고사로 신입생을 선발하는 것이 대표적인 입시 전형으로 자리 잡을 것으로 기대된다. 그러므로 수험생들은 수시 전형과 논술고사의 본질을 제대로 이해해 전략적으로 논술고사 준비를 해야 한다.

통합교과형 논술

교과영역을 통합한 제시문을 사용해 문제를 출제하는 논술.

유사어	통합논술
관련 검색어	논술고사, 논제, 제시문

> 서울대는 **통합교과형 논술고사**를 실시한다. 시험시간은 5시간이다. 인문계는 사회 도덕 경제 국사 문학 등의 통합교과형 문제 3개, 자연계는 수학 과학 교과와 관련된 문제 4개를 풀어야 한다.(출처-동아일보 2011.12.12)

      2011년, 한 대학의 인문계 논술고사에서는 김만중의 〈구운몽〉과 유득공의 〈유우춘전〉을 제시문으로 내놓고 '좋은 음악이란 무엇인가'를 묻는 문제가 출제됐다. 자연계에서는 '헤르츠의 광전효과 실험과 아인슈타인의 설명' '러더퍼드의 알파입자 실험' '멘델의 완두콩 실험' 중 하나를 선택해 제시문에서 소개한 과학적 추론과정에 적용하는 문제가 출제되기도 했다. 전자는 문학과 예술이 통합된 문제라고 할 수 있고, 후자는 과학과 수리가 통합된 문제라고 할 수 있다.

이렇게 교과영역을 통합한 제시문을 사용해 논제를 출제하는 논술을 통합교과형 논술이라고 한다. 보통 인문계는 언어와 문학, 사회와 역사, 철학과 예술이 통합된 문제를 출제하고 자연계도 인문, 사회과학, 수리, 과학 등 다양한 교과영역을 통합해 출제하는데 모집단위에 따라 특정 교과영역을 필수나 선택으로 지정하기도 한다.

대입시험에 논술을 도입한 이유는 수학능력시험 같은 객관식 시험으로 평가하기 힘든 종합적 사고력, 판단력, 논리력을 평가하기 위함이다. 그런데 도입 초기의 논술고사는 단일 논제와 제시문 출제로 인해 문제를 적중하는 강사가 나오고 학원수업에서 배운 대로 외워서 쓴 답안이 속출하는 폐단이 발생했다. 그래서 문제 적중이 불가능하고 단순 암기 방식의 논술 준비가 무의미하도록 다양한 분야의 제시문을 토대로 단계적으로 논제를 해결하는 방식의 통합교과형 논술이 등장하게 되었다.

따라서 현재의 통합교과형 논술고사는 계열별로 어떤 과목들이 통합된 형태로 출제될지 알 수 없는 데다 2~3개 이상의 제시문을 읽고 이해해야만 접근할 수 있는 유형이 일반적이다. 수험생 입장에서는 부담스러운 출제 경향일 수도 있지만 고등학생 수준의 논리적 사고력으로 해결할 수 있는 수준에서 출제되므로 교과학습에 충실한다면 논술고사 자체를 두려워할 필요는 없다.

수리논술

수리적 문제해결 능력을 평가하는 논술.

■ 관련 검색어　　통합교과형 논술, 논술고사

> 이화여대 인문계열1 논술에서는 미국 사회학 저널에 실린 영어논문을 이용해 표준
> 시간대 설정이 필요한 이유를 묻는 문제가 나왔다. 연세대 자연계 **수리논술**에서는
> 집합과 평균값의 정리 등을 이용해 기울기, 최댓값, 도함수, 적분 등을 구하는 문제
> 네 문항이 출제됐다. (출처—동아일보 2011.11.21)

　　　　통합교과형 논술에서 특히 수리적 문제해결 능력을 평가하는 논술을 수리논술이라고 한다. 수학적 기본지식이 있어야 제시문을 이해할 수 있고 수학적 지식을 응용하는 능력이 있어야 논제에 접근할 수 있으며 마지막으로 논제를 해결하는 과정과 결과를 논리적인 글로 서술해야 하므로 수학적 이론에 대한 이해력과 응용능력, 논리적 사고력 등을 종합적으로 평가하기 위한 논술이라고 할 수 있다.

수리논술은 인문계 수리논술과 자연계 수리논술로 나뉜다. 인문계 수리논술은 독립적인 문제로 출제되기보다 언어나 사회 등 인문학적 문제를 출제하면서 통계나 확률, 경제 관련 수리 개념 등과 연계된 내용을 제시문에 포함하거나 논제로 출제하는 경우가 많다. 최근에는 주어진 과정을 통해 결과를 추론하거나 반대로 결과를 토대로 과정을 추론하는 식의 추론적 사고를 요하는 형태의 출제 경향이 두드러진다. 인문계 수리논술은 배점이 낮아 인문계 지원 수험생들이 상대적으로 소홀히 생각하는 경향이 있다. 그러나 수험생들 사이

의 변별력이 크지 않을 경우 수리논술에서 당락이 갈릴 가능성이 높으므로 합격 안정권에 들려면 수리논술을 소홀히 해서는 안 된다.

자연계 수리논술은 수학적 지식을 이용해 수학 원리 또는 공식을 증명하거나 실생활에 활용하는 능력을 주요하게 평가한다. 따라서 정확한 값을 도출하는 것 못지않게 논리적인 풀이과정과 이에 대한 적절한 표현이 매우 중요하다. 수리논술에는 수학적 지식과 이론만을 단독으로 출제하는 유형, 수학과 과학을 결합해 출제하는 유형 두 가지가 있다.

논제

논술고사에서 답안 작성의 방향을 제시하는 출제자의 질문.

> 인문사회계열의 논술은 대개 제시문을 1개 이상 주고 요약·비교한 뒤에 **논제**에 따른 의견을 제시하라는 형태다. 고려대 언어 논술형 문제는 문학작품이 자주 나온다. 제시문을 요약·비교하고 이에 근거해 다른 제시문에서 언급한 문제를 해결하기 위한 견해를 묻는다.(출처―동아일보 2011.11.23)

현행 대학입시 논술고사는 문제를 해결하는 데 필요한 배경지식이나 자료 등을 제공하는 제시문과 이를 토대로 문제를 내는 논제로 구성돼 있다. 이 중 '～에 대해 서술하시오'와 같은 질문을 논제라고 하는데 한마디로 출제자의 질문이라고 할 수 있다.

논술고사에서 논제는 답안 작성의 방향을 제시하는 일종의 방향지시등과 같다. 일반적인 글쓰기라면 논리적인 이유를 제시하며 자신의 주장을 펼치면 되지만 논술고사는 출제자가 지시하는 방향대로 답안을 작성하는 것이 중요하다. 예를 들어 'A와 B를 비교하라'는 논제를 제시했는데 A와 B를 각각 요약하거나 A 또는 B에 대해서만 자신의 생각을 기술한다면 아무리 독창적인 논리로 유려한 글을 써내도 좋은 평가를 받을 수 없다.

실제 논술답안 채점에 참여한 대학관계자의 말에 따르면 논제를 제대로 파악하지 못한 답안은 읽어보지도 않는다고 한다. 논제 파악에 실패한 답안은 이처럼 읽을 가치조차 없는 것으로 치부되기 십상이다. 따라서 논제에서 출제자의 의도를 파악하는 것이 논술고사의 기본이라고 할 수 있다. 대개는 질문 자체에 논제가 명시적으로 제시되지만 어렵게 출제되는 경우에는 논제 파악 이 쉽지 않다. 이런 경우에는 답안을 작성하기에 앞서 논제 분석을 하는 것이 도움이 된다.

논제는 기본적으로 'What+How+요구사항'으로 구성된다. 'What'은 '무엇'에 대해 쓰라는 뜻이고 'How'는 '어떻게' 쓰라는 뜻이다. '요구사항'은 보통 제시 된 조건을 참고하거나 제한사항을 지키라는 내용을 담고 있다.
예를 들어 '제시문 (가)의 논지를 밝히고, 이것을 참고해 제시문 (나)를 해설하 시오(600자±50자).'라는 논제가 주어진다면 다음과 같이 논제 분석을 할 수 있다.

What	How	요구사항
제시문(가)의 논지를	밝혀라	1. 제시문(가)의 논지를 참고해
제시문(나)를	해설하라	2. 제시문(나)를 해설하라(600자±50자)

이렇게 논제 분석을 하면 어떤 순서와 방향으로 답안을 작성해야 할지 가닥 이 잡히게 돼 있다. 논제의 유형은 보통 다음과 같이 분류할 수 있다.

논제유형	예시	
내용 요약형	중요 요소를 서술하시오	/ 핵심내용을 요약하시오
대상 설명형	두 제시문을 서로 비교하시오	/ 사례의 원인과 결과를 설명하시오
의견 제시형	자신의 견해를 논술하시오	/ 제시문 입장을 비판하시오
가치 판단형	장단점을 평가하시오	
의사 결정형	판단하고 근거를 제시하시오	/ 입장을 정하고 이유를 논술하시오
문제 해결형	문제점을 논술하시오	/ 해결방안을 제시하시오

논술고사 문제지에는 제시문이 먼저 나오고 논제가 출제되기 때문에 수험생들은 보통 제시문을 먼저 읽고 논제를 해결하려는 경우가 많다. 그러나 논제 분석 없이 제시문을 먼저 읽을 경우 제시문을 어떻게 이용하고 활용해야 할지 판단할 수 없게 된다. 따라서 논제 분석을 한 후 제시문을 읽는 순서로 논술고사에 접근하는 것도 좋은 방법 중의 하나라고 할 수 있다. 논제에서 지시하는 방향을 염두에 두고 제시문을 읽어야 제시문의 내용을 파악하기도 쉽고 제시문에서 주목해야 할 논지나 요점도 쉽게 눈에 들어오게 마련이다.

제시문

논술고사에서 논제를 해결하기 위해 제시되는 글이나 도표 등의 자료.

별칭 및 축약어　　지문
관련 검색어　　논제, 논술고사

> 서강대 수시논술고사 3교시(경영, EU문화, 동아시아문화계)에서는 더글러스 호프스태터 〈괴델, 에셔, 바흐〉, 고등학교 〈경제〉 교과서, 토마스 셸링 〈미시동기와 거시행동〉 등에서 인용한 **제시문**의 논지를 종합해 또 다른 **제시문**에서 언급한 총수요정책의 실패 원인을 설명하라는 문제가 나왔다.(출처—동아일보 2011.11.12)

　　제시문이란 논제를 해결하는 데 필요한 배경지식이나 자료를 제공하는 것으로 일종의 지문이라고도 할 수 있다. 논술고사 초창기에는 한글 제시문이 대부분이었으나 현재는 도표, 그래프, 그림 등 다양한 형태의 제시문이 제공되고 있고 영어 제시문을 사용하는 대학도 늘고 있다.

논술고사에서 제시문을 사용하게 된 이유는 수험생의 이해력과 독해력을 평가하려는 목적도 있지만 채점의 객관성과 편이성을 확보하려는 의도이기도 했다. 제시문 없이 논제만 출제하는 경우 자유로운 논리 전개가 가능하기 때문에 채점자 입장에서는 모든 답안을 꼼꼼히 읽어보지 않고는 답안의 수준을 평가할 수 없게 된다. 이렇게 되면 채점에 고충이 따르고 시간도 오래 걸릴 뿐 아니라 공정성 시비에도 휘말릴 가능성이 높다. 결국 제시문을 제공해 작성할 수 있는 답안의 범위를 좁힘으로써 이런 고충을 해소하고 제시문에 근거하지 않은 답안을 오답 또는 감점 처리할 수 있게 되면서 객관성을 확보하는 효과도 얻는 셈이다.

프랑스의 대입 자격시험, 바칼로레아

프랑스에도 우리나라 논술고사와 유사한 대입 자격시험이 있다. '바칼로레아'라는 서술형 시험으로 대학 전공에 따라 인문학, 경제사회, 자연과학, 산업기술 등 각기 다른 종류의 바칼로레아를 치른다. 프랑스어, 외국어, 역사, 지리, 수학, 철학은 전공과 상관없이 프랑스 수험생들이 공통으로 봐야 하는 바칼로레아인데 특히 철학논술의 주제는 수준이 상당히 높아 매년 전 국민적 관심사가 된다. 우리나라 논술고사와 다른 점은 제시문 없이 논제만 출제한다는 것이다.

일반 바칼로레아 철학논술 문제로 문학계열에서 2009년 출제된 논제는 '역사의 객관성은 역사가의 공정성을 전제로 하는가?'와 '언어는 사고를 왜곡하는가'였다. 상경계열에서는 '교환에서 얻는 것이 무엇인가'와 '기술의 발달이 사람을 변화시키는가'라는 논제가, 이공계열에서는 '불가능한 것을 바라는 것은 어리석은 일인가' '과학으로 대답할 수 없는 물음이 있는가'라는 논제가 출제됐다.

하나같이 심오한 내용이기도 하지만 제시문 없이 출제되는 논제여서 평가에 상당히 공을 들이는 것으로 알려져 있다. 그러나 자신의 지식을 동원해 생각을 자유롭게 피력할 수 있다는 점에서 독창적 사고력과 논리적 사고력을 평가하기 위한 논술시험으로는 적합한 문제 유형이라고 할 수 있다.

제시문은 교과서에서 출제하는 것이 일반적이지만 신문기사와 논문, 전문서적 등 교과서 범위 밖에서 출제하는 경우도 드물지 않아서 자주 난이도 논란을 일으키고 있다. 대학 입장에서는 논술고사의 변별력을 높여 좀 더 우수한 학생을 선발하고 싶기 때문이지만 고교 교육과정을 넘어서는 수준의 제시문이 출제될 경우 공교육을 무력화할 수 있다는 비판과 우려를 낳기도 한다.

영어 제시문, 출제 금지 아니었나?

출제 금지됐던 영어 제시문이 최근 다시 증가 추세를 보이고 있다. 2005년 제정된 논술 가이드라인에는 단답형 및 선다형 문제, 특정 교과의 암기된 지식을 묻는 문제, 수학 과학의 단순 풀이과정이나 정답을 요구하는 문제, 외국어 제시문의 번역 및 해석을 요구하는 문제를 출제하지 못하도록 돼 있었다. 이에 따라 한국외국어대를 제외한 대부분의 대학에서는 영어 제시문을 출제하지 않았다.

그러나 2009년 논술 가이드라인이 폐지되면서 중상위권 대학을 중심으로 영어 제시문 출제가 증가하는 경향을 보이고 있다. 동국대, 경희대, 서울시립대, 숭실대 등이 대표적이고 한국외국어대는 2개의 영어 제시문을 출제하고 있다. 아직은 일부 대학에 지나지 않고 출제 수준도 고교 교과서 범위를 넘어서지 않는 정도를 유지하고 있지만 앞으로 영어 제시문을 출제하는 대학이 증가하면 어떻게 달라질지 알 수 없다. 수험생 입장에서는 종합적 사고력에 영어독해력까지 평가받아야 하는 입시 환경이 도래하는 셈이다.

논술전형 우선선발

수시모집 논술전형에서 수능 성적으로 모집인원의 일부를 우선선발 대상자로 선정하는 방식.

■ 관련 검색어　　논술고사, 학교생활기록부, 일반선발, 우선선발, 수능최저학력기준

> 전년도에는 논술전형을 실시한 38개 대학 중에서 **우선선발**을 실시하였던 대학은 12개 대학으로 3분의 1 수준이었지만 올해는 건국대, 국민대, 숙명여대 등 3개 대학이 **우선선발**을 도입했습니다. 따라서 논술전형을 실시하는 30개 대학 중에서 15개 대학에서 **우선선발**을 실시하여 논술전형의 절반을 차지합니다. 올해부터 수시모집에서 지원횟수가 6회로 제한됩니다. 동일한 전형 내에서 **우선선발**과 일반선발의 전형별 반영 비율과 수능 최저학력기준을 다르게 설정하면 두 번에 걸쳐서 학생을 선발할 수 있으므로 **우선선발**이 확대되는 것으로 보입니다.(출처–한겨레 2012.05.14)

수시모집 일반전형(논술전형)에서 수능 성적을 기준으로 모집인원의 일부를 우선선발 대상자로 선발하고 우선선발기준을 충족하는 대상자 중에서 학생부 및 논술 평가 결과를 합산한 총점 순으로 우선선발 합격자를 결정하는 방식을 논술전형 우서서발이라고 한다.

보통 모집인원의 50~70%를 우선선발로 뽑는데 상위권 대학의 우선선발 자격기준은 상당히 높은 편이다.(주요 상위권 대학의 우선선발 자격기준 도표 참조) 자격기준이 높아 일반선발에 비해 경쟁률이 낮기 때문에 우선선발 대상이 되면 합격 가능성이 높아진다. 그래도 평균 경쟁률은 5대 1에서 10대 1에 육박하므로 안정적으로 합격하기 위해서는 논술 실력이 뒷받침돼야 한다.

우선선발에서 불합격하면 일반선발 대상으로 전환돼 일반선발 대상자들과 동일한 조건에서 다시 한 번 선발과정을 거친다. 그런데 우선선발 대상자가 될 정도로 우수한 수능 성적을 갖고도 탈락한 수험생은 일반선발에서 더욱 불리한 입장에 처하게 된다. 일반선발은 수능최저학력기준이 우선선발보다

낮기 때문에 경쟁률이 상대적으로 높은데 최저학력기준만 충족시키면 선발 대상이 되므로 우수한 수능 성적이 아무런 영향력을 발휘하지 못한다. 그런 데다 논술 실력이 월등한 다수의 경쟁자와 겨뤄야 하므로 합격 가능성이 낮아지는 것이다. 많은 수험생이 수시모집 논술전형에서 우선선발 자격기준을 충족시키기만 하면 당연히 합격할 것으로 착각하고 있다. 그러나 논술 실력이 뒷받침되지 않고는 우선선발은 물론 일반선발에서도 합격을 보장받기 힘들다는 사실을 명심해야 한다.

결국 수시모집 논술전형에 합격하기 위해서는 논술 실력이 관건이 되는 셈이다. 논술 실력을 꾸준히 기르면서 수능 성적으로 우선선발 합격기준을 충족

주요 상위권 대학의 우선선발 자격기준(2012학년도 입학전형 기준)

대학	수능 성적 우선선발 자격기준
연세대	인문 : 언어, 수리, 외국어 모두 1등급 (미선발 인원이 있을 경우 언/수/외 등급 합 4 이내) 자연 : 수리(가), 과학탐구 모두 1등급 (미선발 인원이 있을 경우 수(가) 과학탐구 등급 합 3 이내) *치의예과는 우선선발 없음
고려대	인문(경영, 정경, 자유전공) : 언어, 수리, 외국어 1등급 인문(경영, 정경, 자유전공외) : 언어, 수리 1등급 또는 수리, 외국어 1등급 자연계(의대 제외) : 수리(가) 1등급, 나머지 3개 영역 중 1개 영역 1등급 의과대학 : 수리(가) 1등급, 외국어 1등급, 언어 또는 과학탐구 1등급
서강대	인문사회 : 언/수/외 백분위 합 288 이상 경제경영 : 언/수/외 백분위 합 292 이상 자연 : 수/과 백분위 합 188 이상
성균관대	인문계 : 언어, 수리(가/나), 외국어 3개 영역 등급 합 4 이내 글로벌경영, 경제, 리더 : 언어, 수리(가/나), 외국어 3개 영역 등급 합 3 이내 자연계 : 언어, 수리(가), 외국어, 과학탐구 중 상위 3개 영역 등급 합 6 이내 〈과학탐구는 상위 2개 과목 등급평균 기준〉 반도체시스템공학, 소프트웨어학 : 수리(가) 1등급 + 과학탐구 2개 과목 1등급 　　　 또는 수리(가) 1등급 + 과학탐구II 과목 1개 1등급
한양대	인문/상경 : [언어, 수리(나), 외국어] 또는 [언어, 외국어, 사회탐구] 등급 합 4 이내 정책, 파이낸스경영학과 : [언어, 수리(나), 외국어] 또는 [언어, 외국어, 사회탐구] 모두 1등급 자연 : [언어, 수리(가), 과학탐구] 또는 [수리(가), 외국어, 과학탐구] 등급 합 4 이내이거나 　　　 [수리(가), 과학탐구] 모두 1등급 융합전자공학부, 소프트웨어전공, 에너지공학과, 미래자동차공학과 : [언어, 수리(가), 과학탐구] 　　　 또는 [수리(가), 외국어, 과학탐구] 모두 1등급 (의예과 제외)

시키겠다는 목표를 갖고 수능 준비를 병행하는 것이 바람직하다. 논술과 수능 사이에서 학습 균형을 유지하는 것이 수시모집 논술전형에 대비하는 최선의 전략이라고 할 수 있다.

논술전형 일반선발

수시모집 논술전형에서 우선선발을 제외한 대상자 중에서 선발하는 방식.

■ **관련 검색어**　　수능최저학력기준, 일반선발, 우선선발

> 66 수능 성적과 논술 실력에 자신 있는 학생이라면 서강대학교 수시 2차 일반전형 우
> 선선발에 도전해볼 만하다. 올해 신설된 우선선발의 경우 논술 70%와 학생부 30%
> 로 선발하며 수능최저학력기준이 적용된다. 일반전형 우선선발 수능최저학력기
> 준은 …(중략) **일반선발**의 경우 학생부 50%, 논술 50%로 선발하며 역시 수능최
> 저학력기준이 적용된다. **일반선발** 수능최저학력기준은 인문사회계열(상경계열 포
> 함)의 경우 언어, 수리, 외국어, 탐구 영역 중 3개 이상에서 2등급을 받아야 하며,
> 자연계열은 언어, 수리(가), 외국어, 과학탐구 영역 중 2개 영역 이상 2등급을 받
> 아야 한다. 우선선발과 일반선발로 각 50%씩 총 560명을 뽑는다.(출처-아시아경제
> 2011.08.25) 99

　　수시모집 일반전형(논술전형)에서 우선선발 대상을 제외한 지원
자들 중 일반선발 자격기준을 충족하는 지원자를 대상으로 모집인원을 선발
하는 방식을 논술전형 일반선발이라고 한다. 대학마다 일반선발 자격기준은
상이하지만 상위권 주요 대학의 경우, 보통 수능 4개 영역에서 2개 영역 이상
이 2등급 이내여야 한다.(주요 상위권 대학의 일반선발 자격기준 도표 참조)
일반선발의 경쟁률은 표면적으로 볼 때 상당히 높다. 우선선발 대상자보다
일반선발 대상자가 많은데다 우선선발 탈락자들과도 경쟁해야 하기 때문이
다. 실제 경쟁률이 100대 1에 육박하기도 한다.
그러나 일반선발 경쟁률의 이면을 들여다보면, 실질적인 경쟁률은 그리 높지
않다는 사실을 알 수 있다. 수시 논술전형의 경우 수능최저학력기준을 제외
하고는 지원을 제한하는 자격요건이 없다. 그렇다 보니 논술 준비가 전혀 돼
있지 않은 수험생들까지 혹시나 하는 마음에 지원하게 되고 그 결과 경쟁률
에 거품이 끼는 것이다. 연세대의 경우 특별전형 경쟁률은 약 10대 1인 데 비

해 논술전형 일반선발의 경쟁률은 약 60대 1을 기록하기도 했다.

이렇게 경쟁률에 낀 거품은 대개 논술고사와 수능최저학력기준으로 선발 대상자를 거르는 과정에서 빠지게 돼 있다. 논술고사 결시나 수능최저학력기준 미달로 약 50%에 달하는 지원자들이 탈락한다. 그리고 통계자료에 의하면 지원자들 중에서 논술고사 준비를 충실히 한 학생의 비율은 매우 낮다고 한다. 위의 모든 사항을 종합해보면 논술전형 일반선발의 실질 경쟁률은 5대 1 정도일 것으로 추측되고 있다. 따라서 논술전형 일반선발에서 합격하는 것은 로또에 당첨되는 것처럼 운에 의한 것이 아니라 수험생의 뛰어난 논술실력에 의해 결정되는 것임을 알 수 있다.(케이스 스터디 p231 참조)

주요 상위권 대학의 일반선발 자격기준(2012학년도 입학전형 기준)

대학		일반선발 자격기준
연세대		언어, 수리(가)/(나), 외국어, 사회(과학)탐구 영역 중 3개 영역 이상 2등급 이내
고려대		언어, 수리(가)/(나), 외국어, 사회(과학)탐구 영역 중 2개 영역 2등급 이내
서강대		언어, 수리(가)/(나), 외국어, 사회(과학)탐구 영역 중 인문사회 : 2등급 3개, 자연 : 2등급 2개
성균관대		인문계 : 언어, 수리(가/나), 외국어 3개 영역 등급 합 6 이내 지연계 . 인어, 수리(가), 외국어, 과학탐구 중 상위 3개 영역 등급 합 6 이내 〈탐구는 상위 2개 과목 등급평균 기순〉
한양대	인문/상경	언어, 수리(나), 외국어, 사회탐구 중 2개 영역 2등급 이내
	정책학과	[언어, 수리(나), 외국어] 또는 [언어, 외국어, 사회탐구] 등급 합이 4 이내
	파이낸스경영	[언어, 수리(나), 외국어] 또는 [언어, 외국어, 사회탐구] 등급 합이 4 이내이거나 [수리(나), 외국어] 모두 1등급
	자연	언어, 수리(가), 외국어, 과학탐구 중 2개 영역 2등급 이내 (단, 수리(가) 또는 과학탐구영역을 반드시 포함)
	의예과	수리(가) 1등급 + [언어, 외국어, 과학탐구 등급 합이 4 이내]
	융합전자공학부 소프트웨어전공 에너지공학과 미래자동차공학과	[언어, 수리(가), 과학탐구] 또는 [수리(가), 외국어, 과학탐구] 등급 합이 4 이내이거나 [수리(가), 과학탐구] 모두 1등급

수능최저학력기준

일정 수준 이상의 학업능력을 판단하기 위해 수능 성적으로 기준을 정한
자격기준.

| **유사어** | 최저기준, 수능최저 |
| **관련 검색어** | 수시모집 |

> 수시모집의 선발비중 확대와 등록률 증가로 학생부는 수시모집에서 여전히 중요한
> 전형자료가 되고, 특히 학생부중심전형에서 교과 성적(석차등급)의 영향력은 지속
> 될 것으로 보인다. 그리고 수시모집에서 **수능최저학력기준**을 충족하기 위해 특정
> 수능 영역에 집중하는 경향은 더욱 뚜렷하게 나타나, 수험생 개인의 수능 영역별
> 성적의 편차가 더 커질 것으로 전망된다. (출처-조선일보 2012.03.13)

수험생이 대학에서 공부할 수 있는 일정 수준의 능력을 갖추었
는지를 판단하기 위해 수능 성적을 기준으로 설정한 자격기준이다. 수시모집
에서는 조건부 합격자가 되어도 대학이 제시한 일정 수준의 수능 성적을 얻
어야 최종합격을 할 수 있다.

현재 수시모집에서 수능 영역별 등급에 의한 최저학력기준을 두고 있다. 예
를 들어 어느 대학의 수시 일반전형에서 '논술 100%로 선발, 최저학력기준은
수능 4개 영역 중 2개 영역 이상 2등급을 적용한다'고 지정한 경우를 생각해
보자. 논술 성적을 통해 조건부 합격자가 되더라도, 수능 성적이 2개 영역 이
상에서 2등급 이상이 나오지 못하면 최종 불합격된다.

적용 방식은 대학마다 차이가 있지만 전체 수능 성적보다는 수능 영역별 등
급을 최저학력기준으로 적용하는 것이 일반적이다. '언어, 수리, 외국어, 사
회(과학)탐구 영역 중 2개 영역 이상 2등급 이내'라는 식으로 최저기준을 제시
한다.

면접고사

면접관이 수험생과의 질의응답을 통해 수험생의 능력을 평가하는 시험 .

유사어	면접시험, 심층면접, 구술면접, 심화다면평가
관련 검색어	입학사정관제, 학교생활기록부, 비교과영역, 자기소개서, 학업계획서, 포트폴리오

> 66 서울대가 2013학년도 입시에서 논술고사를 폐지하고 면접 및 구술고사로 대체하는 방안을 검토 중인 것으로 23일 확인됐다. 서울대 관계자는 이날 "자연계열을 중심으로 구술 및 **면접고사**로 논술고사를 대체하는 방안을 적극 검토 중"이라고 밝혔다. 서울대는 2010학년도 정시모집에서 면접 및 구술고사를 폐지한 뒤 그동안 수시모집에서는 면접 및 구술고사, 정시모집에서는 논술고사를 치러왔다. (출처-동아일보 2012.02.24) 99

　　면접고사는 대학 면접관(시험관)과 수험생이 면대면(面對面)으로 직접 주고받는 말을 통해 학생부 성적이나 수능 성적으로 평가할 수 없는 학생의 잠재력과 지적 능력, 대학에서의 학업 수학능력을 판단하는 시험을 말한다.

면접고사는 기본적으로 기본소양면접(일반면접, 구술면접)과 학업적성면접(심층면접)으로 구분된다. 기본소양면접에서는 주로 수험생의 신상, 가치관이나 지원동기, 학업계획 등을 질문하는데 학생부나 서류에 대한 보완적 형태를 취한다. 학업적성면접은 지원 모집단위에 대한 대학에서의 수학능력을 심도 있게 평가하기 위한 면접으로 주로 전공과 관련된 교과 지식을 질문한다.

과거의 면접고사는 '대화' 수준으로 선발에 거의 영향을 미치지 않았으나, 최근에는 기존의 인성평가와 시사 위주의 질문에서 탈피해 교과 지식을 물어보는 등 면접의 성격이 '심층화'하는 추세다.

수시모집 입학사정관 전형에서는 1단계 서류로 선발한 후 2단계에서 면접을 실시하는데, 내신 못지않게 당락에 결정적 영향을 미치고 있다. 정시모집에서는 대표적으로 교육대학이 면접(교직적성면접)을 실시하고 있으며 반영비율은 10% 내외로 높은 편이다.

전공적성검사

수시모집에서 대학에서의 학업 수행능력을 평가해 신입생을 선발하기 위한 시험.

별칭 및 축약어　적성검사, 인적성
관련 검색어　　수능최저학력기준, 수시모집, 학교생활기록부

> 대학입시에서 **전공적성검사**는 빼놓을 수 없는 합격 변수다. 2002년 한양대가 처음 전공적성검사를 도입한 뒤 최근 수도권 대학들을 중심으로 확산되는 추세이기 때문이다.(출처-동아일보 2010.07.26)

대학에서 학업을 수행하는 데 필요한 잠재적인 학습능력과 종합적인 사고력 및 상황에 대한 판단력을 측정하는 시험이다. 대학에 따라 적성평가, 적성우수자, 적성검사우수자-일반학생, 전공적성우수자 등으로 다양하게 부른다. 전공적성검사는 개관식으로 출제되어 논술이나 면섭에 비해 비교직 단기간에 대비가 가능하고, 일부 대학을 제외하고는 수능최저학력기준도 적용하지 않기 때문에 학생부 중심 전형, 논술 중심 전형에 부담을 느끼는 수험생들의 선호도가 높은 편이다.

전공적성검사는 시험문제를 풀어야 하는 지필고사 형태를 띠지만 수능시험과는 출제 유형이 많이 다르다. 수능시험은 주관식과 객관식을 함께 출제하는 반면 전공적성검사는 객관식 문항으로만 구성돼 있다. 또 수능시험과는 달리 고등교과 지식 없이도 풀 수 있는 일반적인 지능검사 수준의 문제도 일부 출제된다.(예시 참조)

그러나 문항이 워낙 많아 짧은 시간 내에 최대한 많은 문제를 풀어야 하는 부

담이 따른다. 한 문제당 길게는 1분, 짧게는 30초 내외에 문제를 풀어야 전체 문항에 답을 할 수 있는 수준이다. 실제 2012학년도 명지대와 가톨릭대 수시 1차 합격자 중 정해진 시간 내에 모든 문제를 푼 학생은 25% 정도에 지나지 않은 것으로 조사되기도 했다. 그러므로 잘 모르는 문제나 시간이 많이 걸리는 문제는 과감하게 뛰어넘는 전략이 필요하다.

전공적성검사를 수시모집에서 대학별고사로 실시하는 대학은 2012학년도 기준으로 21개 대학이다. 전공적성검사로 신입생을 선발하는 대학 가운데는 수능최저학력기준을 적용하지 않는 대학이 많은 반면 학생부 성적(교과영역)

(예시) 전공적성검사 기출문제

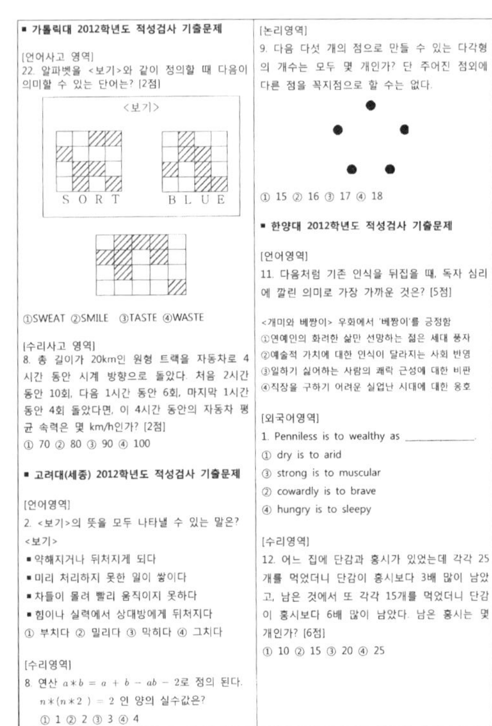

■ 가톨릭대 2012학년도 적성검사 기출문제

[언어사고 영역]
22. 알파벳을 <보기>와 같이 정의할 때 다음이 의미할 수 있는 단어는? [2점]

<보기>

S O R T   B L U E

①SWEAT ②SMILE ③TASTE ④WASTE

[수리사고 영역]
8. 총 길이가 20km인 원형 트랙을 자동차로 4시간 동안 시계 방향으로 돌았다. 처음 2시간 동안 10회, 다음 1시간 동안 6회, 마지막 1시간 동안 4회 돌았다면, 이 4시간 동안의 자동차 평균 속력은 몇 km/h인가? [2점]
① 70 ② 80 ③ 90 ④ 100

■ 고려대(세종) 2012학년도 적성검사 기출문제

[언어영역]
2. <보기>의 뜻을 모두 나타낼 수 있는 말은?
<보기>
■약해지거나 뒤처지게 되다
■미리 처리하지 못한 일이 쌓이다
■차들이 몰려 빨리 움직이지 못하다
■힘이나 실력에서 상대방에게 뒤처지다
① 부치다 ② 밀리다 ③ 막히다 ④ 그치다

[수리영역]
8. 연산 $a * b = a + b - ab - 2$로 정의 된다. $n * (n * 2) = 2$ 인 양의 실수값은?
① 1 ② 2 ③ 3 ④ 4

[논리영역]
9. 다음 다섯 개의 점으로 만들 수 있는 다각형의 개수는 모두 몇 개인가? 단 주어진 점외에 다른 점을 꼭지점으로 할 수는 없다.

① 15 ② 16 ③ 17 ④ 18

■ 한양대 2012학년도 적성검사 기출문제

[언어영역]
11. 다음처럼 기존 인식을 뒤집을 때, 독자 심리에 깔린 의미로 가장 가까운 것은? [5점]

<개미와 베짱이> 우화에서 '베짱이'를 긍정함
①연예인의 화려한 삶만 선망하는 젊은 세대 풍자
②예술적 가치에 대한 인식이 달라지는 사회 반영
③일하기 싫어하는 사람의 쾌락 근성에 대한 비판
④직장을 구하기 어려운 실업난 시대에 대한 옹호

[외국어영역]
1. Penniless is to wealthy as __________
① dry is to arid
③ strong is to muscular
② cowardly is to brave
④ hungry is to sleepy

[수리영역]
12. 어느 집에 단감과 홍시가 있었는데 각각 25개를 먹었더니 단감이 홍시보다 3배 많이 남았고, 남은 것에서 또 각각 15개를 먹었더니 단감이 홍시보다 6배 많이 남았다. 남은 홍시는 몇 개인가? [6점]
① 10 ② 15 ③ 20 ④ 25

은 대부분 반영하고 있다. 단계별전형을 실시하는 일부 대학을 제외한 대부분의 대학에서 학생부를 반영하고 있는데 반영비율은 20~50% 정도라고 보면 된다. 반영비율로만 따지면 학생부와 전공적성검사의 비중이 비슷하거나 적성검사의 비중이 높은 편이다. 그러나 반영비율만으로 학생부의 영향력을 판단하기는 어려우므로 실제 학생부의 영향력이 어느 정도인지, 학생부에서 어떤 영역을 중점적으로 평가하는지 등을 사전에 파악해 자신에게 유리한 대학에 지원하는 것이 중요하다.

전공적성검사를 수시모집에서 채택하는 대학이 주로 중위권 대학이다 보니 수험생들이 조금 무시하는 경향이 있는 것도 사실이다. 그러나 전공적성검사로 대학에 합격한 학생들의 수능 성적과 동일 대학 학과의 정시 커트라인 점수를 비교해보면 전공적성검사로 합격한 학생들의 점수가 많이 낮음을 알 수 있다. 다른 대학별고사와 마찬가지로 전공적성검사를 잘 활용하면 본인이 정시에서 갈 수 있는 대학보다 상위의 대학에 합격할 수 있다. 따라서 수시모집 전에 수능 모의고사 성적과 학생부 성적, 논술 실력 정도를 잘 판단해 보고 전공적성검사를 준비하는 것이 유리하다고 판단되면 그에 대한 준비를 시작히는 것이 좋다.

Q&A로 풀어보는
대학별고사 궁금증

Q1 논술고사 답안은 어느 수준으로 써야 합격할 수 있나요?

A1 대학별로 난이도 차이는 있지만 대체적으로 논술고사의 평균 난이도는 높은 편입니다. 이렇게 논술고사가 어렵다 보니 실제 논술고사에서 논제를 제대로 해결하지 못한 채 제출되는 논술 답안지가 대부분입니다. 그렇지만 논술전형의 경쟁률이 평균 수십 대 일이므로 합격권에 들기 위해서는 기본 적으로 출제된 모든 논제는 해결해야 합니다.

최종적인 합격 여부는 완성된 답안의 수준 차이에 의해 결정된다고 볼 수 있 습니다. 논술고사에 출제되는 논제들은 서로 긴밀하게 연결돼 있어서 하나 의 논제를 해결하지 못하면 다음 논제를 제대로 풀어나가기는 사실상 불가 능합니다.

Q2 내신(교과) 성적이 상당히 나쁜데 논술 성적만으로 합격할 수 있을까요?

A2 특별히 논술에 자신이 있다면 가능성은 있다고 봅니다. 논술 중심 전형인 경우 논술 성적 반영비율이 보통 70~80%에 달할 정도로 논술의 비중이 높습니다. 그리고 학생부를 반영한다고 해도 교과 1~3등급까지는 점수 차가 거의 없습니다. 3등급 이하부터는 점수 차가 많이 벌어지기는 합니다만, 사실 교과 성적이 나빠서 논술전형에 불합격한다기보다 내신 성적이 나쁜 학생 중에 논술 실력이 뛰어난 학생이 드물기 때문일 것입니다. 그러므로 교과 3등급 이내라면 논술 실력에 따라 얼마든지 합격 가능하다고 생각합니다.

Q3 수시 논술전형에서 학생부 50%, 논술 50%일 때 학생부 실질반영률은 얼마나 높은가요?

A3 논술전형에서 학생부 실질반영률은 별로 높지 않습니다. 따라서 논술 성적이 우수하고 수능최저학력기준을 충족한다면 교과 성적이 조금 모자란다고 해도 합격 가능성이 높다고 할 수 있습니다.

Q4 논술시험 논제에 '논지'라는 말이 자주 나오는데 무슨 뜻인가요?

A4 '논지'는 논술문 주제에 대한 글쓴이의 주장을 말합니다. 예를 들어 '복지정책'에 대한 논술문을 작성하면서 작성자가 '복지정책을 더욱 확대해야 한다'고 주장한다면 논술문의 주제는 '복지정책'이고 논술문의 주장 즉, 논지는 '복지정책을 더욱 확대해야 한다'가 되는 것입니다.

Q5 논술고사에서 제시문들 사이의 관계를 밝히라고 하는데 그럴 때는 어떻

게 써야 하는 건가요?

A5 요즘 논술고사의 주요 경향 중 하나는 제시문을 정확하게 이해하고 분석하는 능력을 측정하는 문제의 비중이 높아지고 있다는 것입니다. 특히 최근 기출문제를 분석해보면 제시문 간의 연관성을 찾아 논리적으로 연결했을 때만 논제의 요구사항을 충족시킬 수 있도록 문제가 구성된 경우도 있습니다. 논술고사에서 제시문들 사이의 관계를 밝히라고 하는 것은 전체 제시문들의 공통된 주제가 있을 때, 그 주제와 관련해 제시문들이 어떤 식으로 구성돼 있는지를 밝히라는 뜻입니다.

예를 들어, 각 제시문들은 공통적으로 하나의 문제에 대해 서로 다른 대안을 제시하는 경우도 있고, 찬성과 반대의 견해를 내포하는 경우도 있습니다. 또한 한 제시문이 문제를 제시하고 다른 제시문이 대안을 제시하는 경우도 있고, 한 가지 주제에 대해 다양한 견해를 나열하는 식으로 구성돼 있기도 합니다. 단순히 어떤 제시문은 주장을, 다른 제시문은 그에 대한 근거를 이야기하는 식으로 구성되는 경우도 있습니다.

Q6 인문계 수리논술 준비는 어떻게 해야 하나요?

A6 최근 인문계열 논술고사의 주요 특징 중 하나는 수리논술 문항의 증가입니다. 특히 상위권 대학의 경상·사회계열에서는 거의 필수적으로 수리논술 문제를 출제하고 있습니다. 수리교과의 핵심개념을 직접적으로 물어보는 자연계 수리논술과는 달리 인문계 수리논술은 제시문이나 다른 논제와의 연관성을 고려해 확률, 통계, 경우의 수, 논리적 추론 등 다소 제한된 범위의 논제가 주로 출제됩니다. 2012학년도 고려대 인문논술에서 수리영역에 관한

지식을 직접적으로 물어보는 형태의 문제가 출제되기도 했습니다만 일반적인 출제 경향은 아닙니다.

인문계 수리논술의 경우 난도가 낮은데도 불구하고 수험생들이 기피하는 경향이 있습니다. 따라서 수리논술만 잘 해결해도 경쟁에서 유리해질 수 있습니다. 배점은 낮지만 제대로 된 답안을 작성하는 수험생이 많지 않기 때문입니다. 대학별 기출문제 중에서 수리논술에 해당하는 문항만 발췌해 주요개념을 정리하고 수리논술 특유의 답안 작성 방법을 연습하면 짧은 시간에 효율적으로 대비할 수 있을 것입니다.

Q7 제가 수능 성적과 내신 성적이 별로 좋지 않은데 대학별고사를 준비해도 괜찮은지 궁금합니다.

A7 상위권 대학 진학이 목표라면 쉽지 않습니다. 100% 대학별고사로 학생을 선발하는 경우는 거의 없고 서류나 학생부를 적절한 비율로 반영해서 선발하는 것이 일반적인 추세입니다. 그리고 대부분의 상위권 대학에서는 수시전형에 수능최저학력기준을 적용하고 있기 때문에 대학별고사를 아무리 잘 본다고 해도 최저학력기준을 충족시키지 못하면 불합격입니다. 따라서 학생과 같이 수능 성적과 내신 성적이 안 좋은 경우에는 대학별고사만으로 합격하는 것은 쉽지 않다고 할 수 있습니다.

Q8 수시 전형에는 면접만으로 선발하는 전형이 있다는데 알려주세요.

A8 면접고사를 보는 전형의 경우 면접의 비중이 높기는 하지만 면접만으로 학생을 선발하지는 않습니다. 대부분의 면접 중심 전형은 입학사정관전형으

로 서류심사를 통해 1단계 선발을 한 후 심층면접에서 최종 합격자를 선발합니다. 또는 서류심사와 면접고사의 결과를 종합적으로 판단해 합격자를 일괄 선발하기도 합니다. 최근 상위권 대학에서는 학생부 중심 전형에도 면접고사를 도입하고 있는데 이때도 학생부 성적으로 1단계 선발을 한 후 2단계에서 면접고사를 실시합니다. 그러므로 면접만으로 학생을 선발하는 대학은 찾기 어렵습니다.

Q9 현재 고3 학생입니다. 인문계이고 내신등급은 4.5등급입니다. 연세대 논술 중심 전형에 지원하려고 하는데 우선선발 기준인 언어·수리·외국어 모두 1등급을 충족할 경우, 내신이 4등급이어도 합격할 수 있을까요?

A9 결론부터 말하자면 있습니다. 연세대 논술 중심 전형에서 전형요소 반영비율은 다음과 같습니다.

논술과 학생부 반영비율

우선선발(70%) : 학생부(교과 20%＋비교과 10%)＋논술 70%
일반선발(30%) : 학생부(교과 40%＋비교과 10%)＋논술 50%

수능최저학력기준

우선선발 : 인문－언어·수리(가/나)·외국어 모두 1등급
         (최초 자격인원 미달 시 언어·수리·외국어 등급 합 4 이내)

일반선발 : 인문－언어·수리(가/나)·외국어·사회/과학탐구 중 3개 이상 2등급 이내

논술 중심 전형에서 학생부의 실질적인 반영비율은 그리 높지 않습니다. 특히 교과영역은 우선선발의 경우 20%, 일반선발도 40%에 불과하므로 학생

부보다는 논술 성적이 당락을 좌우한다고 할 수 있습니다. 그러나 우선선발의 경우 수능최저학력기준이 높기 때문에 논술 성적이 좋아도 이 기준을 충족시키지 못하면 탈락하게 됩니다. 따라서 학생의 경우, 내신(교과) 4등급보다는 논술 성적과 수능최저학력기준에서 합격 여부가 결정될 것입니다.

Q10 수시 논술전형의 경우 우선선발과 일반선발의 학생부 실질반영비율이 동일한가요?

A10 수시 논술 중심 전형의 우선선발은 수능최저학력기준을 통과한 지원자들 중에서 모집인원의 50~70%를 학생부 30%+논술 70% 반영비율로 선발합니다. 반면, 일반선발은 수능최저학력기준을 통과한 지원자들 중에서 모집인원의 30~50%를 학생부 50%+논술 50%로 선발합니다. 주요 대학들은 논술전형 우선선발과 일반선발에서 학생부 교과 성적의 석차등급 간 점수 차이를 다르게 적용합니다. 대학마다 다르지만 대부분의 경우 우선선발보다 일반선발에서 석차등급 간 점수 차이를 크게 반영하고 있습니다. 따라서 학생부 반영비율과 석차등급 간 점수 차이를 고려할 때 우선선발보다는 일반선발에서 학생부의 영향력이 크다고 할 수 있습니다.

Q11 수능최저학력기준을 말할 때 '2개 영역 이상 2등급 이내'라는 표현이 많은데 무슨 뜻인가요?

A11 예를 들어 '언어·수리·외국어·사회/과학탐구 4개 영역 중 2개 영역 이상 2등급 이내'라는 것은 수능 4개 영역 중 반드시 2개 영역이 2등급이나 1등급이 돼야 최저학력기준을 통과한다는 뜻입니다. 언어, 사회탐구 또는 수

리, 외국어 등 2개 영역에서만 2등급 이상이 되면 되므로 나머지 영역의 시험을 망쳐도 최저학력기준 통과에는 문제가 없습니다.

간혹 '2개 영역 평균 2등급 이내'라는 최저학력기준을 요구하는 대학도 있는데 이는 2개 영역에서 1등급과 3등급이 나와도 인정할 수 있다는 뜻입니다. 등급을 합산한 후 평균을 내면 2등급이 되기 때문입니다. 가령, 수능에서 1, 3, 4, 4등급이 나왔는데 지원하려는 대학에서 '2개 영역 이상 2등급 이내'를 요구한다면 수능최저학력기준을 통과할 수 없습니다. 한 과목만 2등급 이상이기 때문입니다. 그러나 '2개 영역 평균 2등급 이내'라면 1등급과 3등급을 합한 평균이 2등급이 되므로 수능최저학력기준을 통과하게 되는 것입니다. (만약 2, 2, 3, 5등급이라면 앞서 예로 든 두 종류의 수능최저학력기준에 모두 부합하는 수능 성적이 됩니다.)

Q12 대학별고사에서 논술과 전공적성검사 중 어떤 것을 선택하는 것이 좋을까요?

A12 둘 중 어떤 것을 선택하든 자유입니다. 다만, 수능 성적이 좋지 않다면 논술고사보다는 전공적성검사가 더 적절하다고 판단합니다. 적성검사전형은 수능최저학력기준이 없는 경우가 많기 때문에 수능 모의고사 성적이 낮은 학생이 수시모집으로 지원하기에 적절합니다. 논술전형은 대부분의 대학이 수능최저학력기준을 적용하고 있으므로 수능 성적이 낮을 경우 아무리 논술을 잘해도 자격기준 미충족으로 불합격할 수 있습니다. 그리고 논술보다는 적성검사전형이 단기간에 준비가 가능하기도 합니다. 따라서 자신의 수능 모의고사 성적과 논술 실력을 기준으로 논술과 적성검사 중 어느 쪽이 유

리할지 판단하는 것이 좋습니다.

Q13 전공적성검사는 전공학과별로 시험 내용이 다른가요?

A13 학과마다 시험 내용이 다르지는 않습니다. 인문계열과 자연계열 등 계열에 따른 구분을 위해 시험 내용이 다른 경우는 있지만 학과마다 다른 내용으로 적성검사를 치르지는 않습니다.

지원전략 세우기

기존의 수능 준비만으로 원하는 대학에 가기가
사실상 어려워지고 있다. 변하하는 입시 환경에 맞는
현명한 입시전략이 무엇보다 중요한 시점에서 꼭 알아야 할
지원전략 관련 개념어 16.

가나다군 _ 배치표 _ 가채점 _ 우선선발 _ 일반선발
대학별 환산점수 _ 실질반영비율 _ 가중치 _ 가산점
3+1/2+1식 수능 반영 방식 _ 수능 100% 전형 _ 비교내신
미등록충원 _ 전과 _ 자유전공제 _ 전공예약제

가나다군

정시모집에서 모집 시기를 달리하는 모집군의 명칭.

■ **관련 검색어**　　정시모집, 분할모집, 추가합격, 모집단위

> 자연계 최상위권 학생은 **가나다군** 중 최소 하나의 모집군에서 의학계열을 지원하는 경향이 크다. 서울대 의예과를 지원한 학생은 **가, 다군**에서도 의학계열을 지원하는 경향이 뚜렷하며, 의예과를 제외한 서울대 지원자는 가군에서 고려대, 연세대, 한양대, 성균관대 자연계 상위권 학과에 지원하고 다군 의예과에 지원하는 경우가 많다.(출처—한국일보 2011.11.29)

정시모집에서 전형일자에 따라 모집 시기를 구분한 것을 뜻한다. 수험생은 정시모집에서 모집 일정이 각각 다른 '가' '나' '다'군, 군별로 한 대학씩 3개 대학에만 지원할 수 있다.

정시 지원전략 수립 시 모집군별 특성을 파악하는 것은 필수적이다. 가군과 나군은 모집인원이 비슷하고, 대부분의 중상위권 대학이 포진돼 있다. 대다수 수험생이 두 모집 군에서 안정지원을 하는 경향도 유사하다. 따라서 논·구술고사 실시 여부, 분할모집, 모집인원 등 전형 방법에 큰 차이가 없는 한 합격 예측이 크게 벗어나지 않는다.

반면 다군은 모집인원이 상대적으로 적기 때문에 경쟁률이 일단 높다. 또 다군에는 수험생이 선호하는 대학이 적기 때문에 가군과 나군 합격자들의 이동에 따른 추가합격 비율이 높은 편이다. 이 때문에 다군의 합격 가능성을 예측하기란 상당히 어렵다. 이런 모집군의 특성을 이해하지 못하고 다군에서 안정지원을 한다거나 가군과 나군에서 상향지원을 하는 것은 매우 위험하다.

혹 이런 조합으로 지원전략을 세우면 모든 모집군에서 불합격할 가능성이 높다. 일단 다군의 경우 변수가 너무 많으므로 안정지원을 했다고 하나 정반대의 결과가 나와 불합격할 수 있다. 그리고 가군과 나군의 합격선은 일부를 제외하고 합격 예측 점수의 변동이 거의 없는 편이다. 상향지원했다면 불합격 가능성이 높다. 이렇게 요행을 바라고 지원하는 것은 정말 무모한 일이다. 소중한 지원 기회를 낭비하는 것이기 때문이다.

그러므로 정시 지원 시 다군보다는 가군과 나군에 목표 대학을 설정하는 것이 좋다. 다군은 가, 나군에 비해 최초 합격 커트라인이 올라가는 경향이 많고 불확실성이 높아 합격 예측이 어렵기 때문이다. 또 모집단위별 모집인원을 꼭 살펴봐야 한다. 모집인원이 많으면 합격 가능성 예측의 정확도가 높고 추가합격 가능성도 높다. 단, 여기에 해당 모집단위의 3년간 경쟁률도 따져봐야 한다.

2013학년도 정시모집 가나다군의 주요 대학

모집 시기별	주요 대학
가군	〈국공립〉강원대, 경북대, 부산대, 서울시립대, 전남대, 전북대, 충남대, 충북대, 한국교원대, 한국해양대
	〈사립〉건국대(서울·글로벌), 경희대(서울), 고려대(서울·세종), 동국대(서울·경주), 성균관대, 숙명여대, 연세대(서울·원주), 이화여대, 중앙대(서울·안성), 한국외국어대(서울·글로벌), 한양대(서울·에리카), 홍익대(서울·세종)
	〈교육대〉부산교대
나군	〈국공립〉강원대, 경북대, 부산대, 서울대, 서울시립대, 전남대, 전북대, 충남대, 충북대, 한국해양대
	〈사립〉건국대(서울), 경희대(서울·국제), 동국대(서울), 서강대, 성균관대, 숙명여대, 연세대(서울·원주), 중앙대(서울·안성), 한국외국어대(서울·글로벌), 한양대(서울·에리카), 홍익대(서울·세종)
	〈교육대〉경인교대, 공주교대, 광주교대, 대구교대, 서울교대, 전주교대, 진주교대, 청주교대, 춘천교대
다군	〈국공립〉강원대, 서울시립대, 제주대, 한국해양대
	〈사립〉건국대(서울·글로벌), 경희대(서울·국제), 고려대(세종), 동국대(경주), 중앙대(서울), 한국외국어대(글로벌), 한양대(에리카), 홍익대(서울·세종)

서울대는 왜 나군에 있을까?

간혹 우리나라 최고의 대학인 서울대가 왜 가군이 아닌 나군에 있는지를 궁금해하는 이들이 있다. 가군과 나군은 모집 시기가 다를 뿐이지만 서울대의 모집 시기가 가군에 포진한 대학들보다 늦은 이유를 의아해하는 것이다.

대학의 입학 담당자들은 우수한 신입생을 유치해 학교의 위상을 높이기 위해 심사숙고해서 모집군을 결정한다. 정시모집에서 모집 시기를 달리해 신입생을 분할모집하기 시작한 초기(1994년)에는 모집군이 '가나다라'군으로 모두 4개로 나뉘어 있었다. 당시에도 서울대는 나군에서, 연세대는 가군에서, 고려대는 가군과 나군으로 분할해 신입생을 모집했다. 그런데 가군에서 연세대와 고려대에 지원해 합격한 신입생들 가운데 나군 서울대에도 복수합격한 학생들이 서울대로 이동하면서 연세대와 고려대의 미등록 사태가 대대적으로 발생했다. 고려대 단과대학 중 서울대와 모집군이 같았던 법대의 미등록률은 2.4%였던 반면, 가군에서 모집한 의대(35.4%), 경영대(30.7%), 정경대(30.3%) 등에서는 30% 이상의 미등록률을 기록한 것이다. 연세대 상위권 학과에서도 10명 중 6명의 복수합격자가 서울대로 이동했다.

따라서 연세대, 고려대는 서울대로 우수한 성적의 신입생들이 빠져나가는 것을 막기 위해 서울대와 동일한 모집군을 택하는 것을 고려했다. 이에 대해 서울대는 즉각 반발해 '대학 지원 기회 확대'라는 복수지원제 도입 취지를 살리기 위해 연세대 및 고려대와는 모집군(群)과 입시일정을 달리할 방침이라고 분명히 밝혔다. 당시 서울대 교무처장은 "교육부의 내년도 대입 전형일정이 마련되고 연·고대가 모집군을 결정하고 나면 서울대는 마지막으로 모집군을 포함, 입시일정을 확정할 계획"이라고 못박으면서 더 이상 연·고대는 모집군을 서울대와 동일하게 옮기는 것이 어렵게 되었다. 또한 서울대와 연·고대가 모두 같은 군으로 입시일정을 정한다면 수험생이나 학부모의 반발이 만만치 않으리라는 것도 큰 부담으로 작용했다. 그래서 모집군의 이동을 포기하고 최초의 선택처럼 연·고대는 가군으로, 서울대는 나군에 자리 잡게 된 것이다. 이처럼 분할모집제도 초기에 모집군 선택을 놓고서 명문 대학 간 한바탕 눈치싸움이 있었다.

배치표

수능 점수대별로 지원 가능한 대학 및 학과를 예측하기 위해 만드는 참고자료.

별칭 및 축약어　배치표, 입시사정표(과거), 장판지
관련 검색어　표준점수, 백분위

> 하향 안정지원 시 유의할 것이 있다. 같은 대학이라도 최고 인기학과를 피해 **배치표**상 바로 아래에 있는 학과에 지원자가 몰려 이들 학과의 합격 커트라인이 올라갈 수 있으니 주의해야 한다. 같은 이유로 기존에 합격 커트라인이 가장 낮았던 학과의 합격 점수도 올라갈 수 있다.(출처—동아일보 2011.12.06)

　　　　배치표란 대한민국에서 주로 사용되는 대학입시 참고자료의 하나다. 점수대별 지원 가능한 대학 학과를 가로 95㎝, 세로 65㎝ 크기의 용지에 표로 만들어놓은 것이다. 흔히 쓰이는 적정지원, 상향지원, 하향지원이라는 용어도 이 배치표를 기준으로 삼는다. 배치표상에서 자기 점수로 지원 가능한 대학 학과에 지원하면 적정지원, 지원 가능한 대학보다 한두 단계 위에 있는 대학 학과에 지원하면 상향지원으로 표현하는 식이다. 과거 학력고사 시절에는 교사가 길다란 자를 학생의 점수대에 놓고 해당 줄에 있는 대학은 적정, 그 위쪽은 상향지원, 그 아래는 하향지원 식으로 하는 주먹구구식 배치 상담을 했었다. 그러나 현재는, 같은 수능 점수라도 대학마다 반영하는 영역이나 가중치가 다르기 때문에 배치표를 믿고 지원하는 것은 위험하다. 그럼에도 여전히 배치표의 영향력은 막강하다. 왜냐하면 배치표의 정확도에 관계없이 수험생들이 배치표에 따라 지원하므로 결과적으로 배치표에서 제시하는 대학의 서열화가 맞아들어가는 모순이 반복되기 때문이다. 거기에 가

독성이 좋고 이해가 쉽다는 장점도 여전히 입시 시장에서 가장 널리 사용되
는 이유다.

배치표 제작의 비밀

배치표는 수험생을 합격할만한 대학 학과에 '배치'하기 위해 만드는 자료라는 뜻
에서 유래한 말이다. 입시 기관들은 합격에 필요한 수능 점수를 제시하는 데 대
개 커트라인보다는 모집정원이 100명이라면 80~90등으로 합격할 수 있는 점수
를 표시한다.

배치표 제작과정은 2단계로 나뉜다. 먼저 각 대학 학과를 수능 합격선
에 따라 일렬로 세우는데 이를 배치표 제작진은 보통 '키재기'라고 한다. 대학 학
과를 서열화한 다음에는 해당 학과에 예상 합격선을 써 넣는 이른바 '점수 얹기'
작업을 한다.

키재기 작업을 위해 필요한 첫 번째 자료가 대학에서 제공하는 전년도
정시전형 최종 합격자들의 수능 평균점수와 표준편차다. 그러나 대학에서 제공
하는 자료를 온전히 믿기는 힘들다. 배치표상에서 상위 서열에 위치하기 위해 평
균점수를 부풀리는 대학이 적지 않고 평균점수를 깎아먹는 추가합격자를 제외
하고 평균점수를 낼 수도 있기 때문이다. 반대로 경쟁률을 높일 목적으로 평균
점수를 낮춰 제공하는 대학이 있는가 하면 입학생들의 수능 점수를 아예 공개하
지 않는 대학도 있다.

이 때문에 대학이 제공하는 자료를 검증하기 위한 두 번째 자료가 필
요한데 일선 고교의 전년도 학생들의 수능 점수와 지원 대학 및 학과, 합격 여부
등이다. 이 자료를 토대로 대학에서 제공하는 자료의 신뢰성을 평가하는 것이다.
예를 들어 A대학 B학과가 내놓은 수능 평균점수와 표준편차로 추산한 해당 학
과의 커트라인이 530점인데 C고교 D군이 500점으로도 그 학과에 합격했다면
대학이 점수를 올렸을 가능성이 있다고 보는 식이다.

세 번째로는 지난 3~10년간의 대학 및 학과에 대한 분석자료가 동원된
다. 이 분석자료를 보면 대학 및 학과의 커트라인이 상승 추세인지 하향 추세인
지 알 수 있다. 보통 취업률이 높은 학과는 커트라인이 올라가고 같은 대학 같은

학과라도 분할모집인 경우 가군이냐 나군이냐에 따라 커트라인이 달라진다. 또 지방의 수재들이 서울 소재 대학을 원하는지, 지방대 국립대에 진학할 것인지도 커트라인을 예측하는 데 중요한 변수가 된다.

마지막으로 수험생의 취향을 배치표에 반영하기 위해 일선 고교의 진학 부장을 불러 모아 자문을 구하기도 한다.

이런 자료들을 토대로 키재기가 마무리되면 수능 가채점 결과를 가지고 전년도의 수능 점수가 올해는 어느 정도 점수에 해당하는지를 감안해 점수 얹기를 한다. 그리하여 가채점 결과로 만든 배치표는 수능시험이 끝나고 2~3일이면 배포된다. 그리고 수능 성적이 발표되면 실제 성적으로 배치표 최종판을 제작해 배포한다.

가채점

공식적인 성적이 발표되기 전에 수험생이 자신의 답안을 채점하는 것.

유사어 　　자기채점
관련 검색어 　표준점수, 백분위, 등급, 정시모집, 대학별고사

  대학수학능력시험 **가채점** 결과, A 군의 점수는 목표하던 서울대 의대 합격은 장담할 수 없지만 지방 소재 의대 진학은 안정권이다. 이에 진로진학상담교사는 "대학 및 학과를 선택할 때 가장 중요한 건 자신의 흥미와 적성"이라고 조언하며 지방 소재 의대에 진학하길 권유했다.(출처─동아일보 2011.11.29)

가채점은 공식적인 성적이 제공되기 전에 학생 자신이 스스로 채점해본 점수를 말한다. 수험생들은 시험이 끝난 뒤 가채점을 해서 그 결과를 대학 지원의 자료로 삼는다.

대학수학능력시험 가채점은 정시모집 전형의 지원전략을 세우는 데 중요한 밑거름이 된다. 그뿐만 아니라 수시모집 전형에 지원해둔 학생들에게는 수시 응시 여부를 판단해보는 중요한 척도가 된다. 가채점 결과, 수능 성적이 목표 대학의 안정권 안에 들었느냐 들지 않았느냐에 따라 수시에 응시할지가 판가름 나기 때문이다.

수능 가채점을 하고 나면 많은 수험생이 자신이 기대했던 것보다 낮은 점수를 받았다고 생각한다. 자신감을 잃으면 판단력이 흐려지게 마련이다. 반대로 수능 원점수만을 고려해 과도한 자신감을 갖게 될 수도 있다. 수험생은 보통 각 입시기관이 가채점을 기준으로 낸 배치표에 따라 각 대학의 정시 합격선을 가늠하게 된다. 일반적으로 배치표는 최근 3개년간의 입시 결과를 바탕

으로 만들어진다. 무엇에 기준을 두고 배치했느냐에 따라 기관마다 차이가 난다. 하지만 불안한 수험생은 가장 높은 기준의 배치표를, 낙관적인 수험생은 가장 낮은 기준의 배치표를 참고하면서 실제 정시 합격선과 동떨어진 판단을 할 때가 많다. 예를 들어 마음이 불안한 학생은 스스로 생각하는 것보다 훨씬 높은 총점을 받았음에도 하향지원하다가 상위 대학에 지원조차 못하는 경우가 발생한다. 반대로 너무 낙관하다가 본인에게 정작 유리한 전형을 놓치기도 한다.

그러므로 수능이 끝난 뒤 가채점을 마친 수험생은 다음과 같은 절차를 진행하는 것이 좋다. 가채점 결과에 따른 예상 백분위 확인→예상 표준점수 환산점수 확인→백분위 성적과 표준점수의 유·불리 따져보기→정시모집 모의지원을 통한 합격 가능성 판단→수시모집 전형에 지원한 대학의 논술, 면접 전형 응시 여부 판단→수능 이후의 원서 접수 대학 지원 여부 판단 등이다.

우선선발

수시모집이나 정시모집에서 일정한 선발기준에 해당하는 인원을 우선적으로
선발하는 방식.

상대어 일반선발
관련 검색어 논술전형 우선선발, 일반선발, 수능최저학력기준, 논술고사,
대학별고사

> 이화여대 수시모집 일반전형의 **우선선발**은 모집단위별 모집인원의 40%를 학교생
> 활기록부교과(30%), 논술고사(70%) 합산 성적 순으로 뽑는 방식이다. 일반선발은
> **우선선발** 인원을 제외한 나머지 모집인원을 대상으로 학교생활기록부 교과(50%),
> 논술고사(50%) 합산 성적으로 선발하는 방식이다.(출처−조선일보 2011.05.24)

우선선발은 모집정원의 일정비율을 대학이 선정한 선발기준으
로 먼저 선발하는 방식이다. 수시모집이나 정시모집에서는 학생이 한 번만 지
원하면 학교에서 2가지 선발(우선선발, 일반선발)을 차례로 실시한다. 응시자 전
체를 대상으로 대학 또는 학과에서 우선선발로 일정비율을 선발하고 우선선
발에서 탈락한 응시자와 나머지 응시자들을 대상으로 일반선발을 실시하는
것이다.

수시모집의 우선선발은 일반선발의 수능최저학력기준보다 높은 자격을 적용
해 그 기준을 충족한 학생들을 대상으로 우선적으로 선발하는 방식이다. 이
를 통상 '수능 우선선발'이라고 한다. 수능최저학력기준을 적용해 수시모집에
서 응시자를 우선 선발하는 방식은 2008년 고려대에 의해 처음 시작돼 연세
대, 성균관대, 한양대 등 대학 전반으로 확대됐다. 이 제도로 인해 수시모집
도 수능 성적에 의해 결정된다는 주장이 많았다. 우선선발의 높은 수능최저
기준으로 실질경쟁률이 대폭 낮아지면서 경쟁자가 줄어들기 때문이라는 것이

다. 통계상으로 보면 전국의 수험생 중에서 우선선발의 최저기준에 드는 학생이 매우 적은 것은 사실이다. 실제 우선선발 수능최저학력기준을 충족시키는 수험생은 극소수에 불과해 최상위권 수능 성적이 아니면 엄두도 낼 수 없는 수준이다.(우선선발 수능최저학력기준 해당 인원 도표 참조)

그러나 우선선발이 수능 성적에 의해 좌우된다는 것은 일종의 착시현상이라는 주장도 있다. 수시모집의 우선선발 경쟁률(추정 6~7대 1)이 상위권 대학의 정시모집 경쟁률(6~7대 1)과 큰 차이가 없기 때문이다. 수시모집의 일반선발 경쟁률(주요 대학 경쟁률 추정 50~70대 1)이 워낙 높다보니 우선선발 경쟁률이 상대적으로 낮은 것처럼 보이는 것이라는 주장이다. 사실 상위권 대학의 경우, 수시모집 우선선발 경쟁률이나 정시모집 경쟁률이나 큰 차이가 없으므로 결국 수시모집 우선선발권에 든다고 해서 크게 유리한 것은 아닌 셈이다.

또한, 우선선발을 통과했다고 하더라도 수능 점수가 비슷한 수준의 학생들끼리 경쟁하는 것이므로 수시모집 우선선발 대상자들도 결국은 수능 성적뿐만 아니라 대학별고사 성적이 중요하게 작용한다고 말한다.

이렇게 우선선발을 둘러싸고 수능과 논술의 영향력에 대한 논란은 여전히 계속되고 있다. 그럼에도 불구하고 상위권 수험생이라면 수능과 논술의 적절한

우선선발 수능최저학력기준 해당 인원(추정)

구 분	해당 인원(추정)
언어, 수리, 외국어 모두 1등급	5,540(0.82%)
언어, 수리, 외국어 등급 합 4	15,042(2.24%)
수리 가형 및 과학탐구(2과목 이상) 모두 1등급	2,359(0.35%)
수리 가형 및 나머지 1개 영역 1등급	3,892(0.58%)
수리 가형 및 외국어 1등급, 언어 또는 과학탐구 1등급	1,889(0.28%)

(주) 2011학년도 수능 응시자 668,991명 기준(출처-메가스터디)

균형을 맞춰가며 공부해야 한다는 것에는 모든 전문가가 동의하고 있다.

사실 수시모집의 수능 우선선발의 목적은 다른 데 있다고 봐야 한다. 일반적으로 수시에서 대다수의 대학은 내신을 무시하는 경향이 있다. 형식적으로는 그 비중을 20~50%로 두고 있지만, 결과적으로는 무의미한 수준이다. 현재 내신이 객관적이고 전국적인 학업성취도를 반영하지 못하는 탓이다. 반면 그나마 수능은 객관적이고 전국적인 학업성취도를 반영한다. 결국 대학 입장에서는 수능을 학생선발의 2단계 여과작업의 수단으로 사용하고 있다고 볼 수 있다. 이런 방식을 통해 대학 나름의 합리적인 사정 모델을 구축한 셈이다.

한편 정시모집에서도 수시와 마찬가지의 방식으로 우선선발이라는 옵션을 두고 있다. 정시모집의 우선선발은 대학이 학생부를 전혀 반영하지 않고 수능 성적만(수능 100%)으로 일정한 비율의 학생을 우선 선발하는 방식이다. 특히 대부분의 주요 대학은 정시모집에서 '우선선발' 방식으로 학생을 선발한다. 우선선발 모집 비중도 50~70%다. 설사 일반선발로 넘어간다고 해도 수능 성적이 50~70% 반영된다. 그러므로 정시모집에서는 수능이 절대적인 비중을 차지한다.

그런데 일부 학부모들은 학생이 정시모집의 우선선발로 합격하지 못하면 떨어질 것으로 생각한다. 그러나 정시에 우선선발로 합격한 학생들은 타 대학으로 옮겨가는 경우가 많다. 일반적으로 정시모집에 우선선발된 학생들은 수능 성적이 우수할 것이므로 타 대학과의 중복합격 가능성이 아주 높다. 만약 그들이 중복합격했다면 다른 상위 서열의 대학으로 이동할 것이다. 그러므로 일반선발의 최초 합격이나 추가합격의 결과를 끝까지 기다려보아야 한다. 어찌 보면 정시모집에서는 우선선발이 아닌 일반선발이나 추가합격한 학생들이 그 대학의 합격선에 맞게 진학한 셈이다.

일반선발

수시모집이나 정시모집에서 우선선발을 제외한 대상자 중에서 선발하는 방식.

| **상대어** | 우선선발 |
| **관련 검색어** | 수시모집, 우선선발, 일괄합산전형, 수능최저학력기준 |

> 숙명여대 정시 가군 일반학생전형은 인문·자연계, 예체능계에서 총 565명을 선발한다. 이 중 인문·자연계 모집인원 50%는 수능 성적 100%로 우선선발하고 나머지는 **일반선발**로 수능 60%, 학생부 40%를 반영하여 선발한다.(출처-한국일보 2011.11.10)

일반선발은 우선선발 범위에 들지 못한 인원을 대상으로 상대적으로 약화된 전형요소를 적용해 선발하는 것을 말한다. 우선선발 대상자보다 수능최저학력기준을 대폭 낮춰 적용하기 때문에 기본적으로 대상자가 많은 데다 우선서발에서 탈락한 지원자들까지 일반선발로 넘어가게 되므로 성생률이 상당히 높다.

수시모집의 일반선발로 넘어가면 수능최저학력기준이 낮고 학생부 반영비율은 높으며, 정시모집의 일반선발로 넘어가면 우선선발된 학생을 제외한 지원자 중에서 학생부와 수능 성적을 일괄 합산해 선발한다.

우선선발 수능최저학력기준은 일반선발 프리미엄이 될까?

언어·수학·외국어영역 1등급(연세대의 우선선발 기준)인 지원자가 수시모집 일반전형(논술전형) 우선선발에서 탈락하면 자동적으로 일반선발 대상자로 내려가게 된다. 이 경우에는 획득한 수능 등급은 일반선발 대상자의 경우와 마찬가지로 3개 영역 2등급(연세대 일반선발의 수능최저학력기준)으로 간주한다. 일반선발 단계에서는 수능 우선선발 탈락자와 일반선발 대상자 간의 논술 성적만으로 다시 학생을 선발한다. 그러므로 우선선발 최저기준의 프리미엄은 없는 것이다. 이는 다른 대학도 마찬가지다. 그런데 만약 우선선발 합격자 중 미등록이 발생해 예정된 모집정원을 채우지 못할 경우, 일반선발 방식으로 충원한다는 것도 알아두어야 할 입시지식이다.(단 중앙대는 2013학년도부터 변경 예정)

대학별 환산점수

대학이 독자적인 반영 방식을 통해 산출한 응시자의 전형총점.

> 정시 지원에서 우선선발에 들 수 있는 성적이 나오거나 **대학별 환산점수**가 15점 이상 높게 나온다고 판단된다면 안정지원이라고 봐도 좋을 것이다.(출처-동아일보 2011.11.15)

대학마다 상이한 반영 방식을 통해 산출한 전형총점을 말한다. 지원하는 대학이 표준점수, 백분위, 대학 자체 변환표준점수 중 어떤 점수를 활용하는지, 영역별 반영비율과 가중치는 어떤지에 따라 입시 결과가 안전히 달라질 수 있다. 그러므로 동일한 점수를 받았다고 하더라도 대학별 반영 방식에 따라 당락이 엇갈릴 수 있다. 결국 가장 중요한 점수는 표준점수나 백분위가 아니라 위의 내용을 모두 고려한 대학별 환산점수라는 사실을 잊어서는 안 된다.

(예시1) 2012학년도 수능 영역별 점수와 대학별 환산점수 비교

| 구분 | 활용지표 | 수능 영역별 점수 | | | | 서울대식 환산 | | 연세대식 환산 | | 고려대식 환산 | | 성균관대식 환산 | | 이화여대식 환산 | |
		언어	수리	외국어	탐구환산	점수 (850)	석차	점수 (500)	석차	점수 (500)	석차	점수 (700)	석차	점수 (600)	석차
A	표준점수	131	135	128	132	560.490	1	329.457	3	487.347	3	437.274	3	552.975	3
	백분위	96	97	95	98										
B	표준점수	133	138	130	129	559.240	2	332.218	2	491.753	1	443.485	1	558.096	2
	백분위	98	100	99	91										
C	표준점수	135	135	130	128	557.090	3	332.329	1	491.312	2	442.850	2	559.004	1
	백분위	99	97	99	94										

(주) 서울대 환산점수로는 1위였던 A수험생이 연세대, 고려대, 성균관대, 이화여대 환산점수상으로는 3위를 차지함.

(예시2) K대학의 2012학년도 정시모집 합격 · 불합격 사례

구분	활용지표	언어	수리 (나)	외국어	탐구(2) 백분위	언수외탐 백분위 합	환산점수	최종 결과
A	백분위	98	97	87	91	373	454.62	상경계열 합격
B	백분위	87	100	95	95	377	452.96	상경계열 불합격

(주) 언어 · 수리 · 외국어 · 사회탐구영역 백분위의 단순 합산으로는 A수험생보다 B수험생이 높았으나, K대학 자체 방식으로 환산 결과, B수험생이 불합격함.

(예시3) H대학의 2012학년도 정시모집 가군 합격 · 불합격 사례

| 구분 | 활용지표 | 언어 | 수리 (나) | 외국어 | 사회탐구 | | 계 (2과목) | 표준점수 총점 (800) | 환산점수 (550) | 최종 결과 |
					1	2				
A	표준점수	129	138	125	65	68		525	680.452	자율전공 합격
	백분위	94	100	89	97	98	133			
	등급	2	1	2	1	1				
	환산점수	164.8	210.0	201.9	66.8	67.4	103.7			
B	표준점수	128	135	126	70	69		528	677.067	자율전공 불합격
	백분위	93	97	91	98	99	139			
	등급	2	1	2	1	1				
	환산점수	163.5	205.4	203.5	67.4	67.9	104.6			

(주) 표준점수 총점으로는 A수험생보다 상위권인 B수험생이 환산점수상으로는 불리해져서 불합격 처리됨.

실질반영비율

해당 전형요소가 전형총점에서 실질적으로 차지하는 비중.

| 유사어 | 학생부 실질반영비율 |
| 관련 검색어 | 학교생활기록부, 정시모집 |

> 중하위권에서는 학생부 성적 **실질반영비율**도 중요한 변수다. 학생부 교과등급에서 1등급과 4등급의 차이가 0.5점에 불과한 대학이 있는 반면, 10점 넘게 차이를 두는 대학도 있다.(출처—동아일보 2011.12.06)

실질반영비율은 해당 전형요소의 반영비율이 모든 전형요소의 반영비율에서 차지하는 비중을 의미한다. 반영비율에는 명목반영비율과 실질반영비율이 있다. 명목반영비율은 대입 전형총점에서 해당 전형요소가 차지하는 단순한 비율이다. 반면 실질반영비율은 해당 전형요소의 반영비율이 모든 전형요소의 반영비율에서 차지하는 비중이다. 입시에서 실질반영비율의 개념은 학생부를 얘기할 때 주로 쓴다.

예를 들어 전형총점 1000점 중 수능 700점, 학생부 300점의 반영비율로 신입생을 선발하는 A대학이 있다고 가정해보자. 당연히 여기에서 수능 성적의 명목상 반영비율은 70%, 학생부 성적의 명목상 반영비율은 30%다. 그런데 이 대학에서 모든 지원자에게 모든 학생부의 기본점수로 200점을 준다고 해보자. 이렇게 되면 수험생들은 최악의 경우에도 기본 200점은 받을 수 있게 되므로 학생부의 실질 영향력은 12.5%로 감소할 수밖에 없다.

- A대학의 명목반영비율 산출 공식 : (전형요소 만점÷전형총점)×100

  → 전형총점 1000점, 학생부 만점 300점일 때 : (300÷1000)×100=30%

- A대학의 실질반영비율 산출 공식 : {(전형요소 만점−전형요소 기본점수)÷(전형총점−전형요소 기본점수)}×100

  → 전형총점 1000점, 학생부 만점 300점, 학생부 기본점수 200점일 때 : {(300−200)÷(1000−200)}×100=12.5%

그러므로 대입 전형자료에 있는 반영비율을 그대로 믿어서는 안 된다. 특히 학생부의 경우라면 더욱 주의해야 한다. 기본점수를 많이 부여하는 편법으로 학생부 실질반영비율을 낮추기 때문이다. A대학의 경우, 수능 70%, 학생부 30%라고 해도 학생부에 기본점수 200점을 부여하면 결국 학생부 12.5%, 수능 성적 87.5%가 반영되므로 실질적으로는 수능의 영향력이 막강해지는 것이다.

현행 정시모집에서 학생부는 수능에 이어 두 번째로 반영비율이 높은 요소이지만, 주요 대학의 경우 대부분 실질반영비율이 낮은 편이므로 학생부 성적이 대입 전형에 미치는 영향은 그다지 크지 않다고 생각하면 된다.

가중치

대학별 환산점수를 계산할 때 수능 5개 영역 중 특정 영역의 반영비율을 높여 산출하는 것.

■ **관련 검색어**　　표준점수, 대학별 환산점수

> 수리영역에서 배점이 높은 4점짜리 문제 하나가 표준점수에서는 더 큰 차이로 벌어지고 수리에 **가중치**를 주는 최상위권 대학에서는 더 큰 차이로 증폭되는데, 이는 3년 동안의 내신등급을 뒤집을 수 있는 위력을 갖는다.(출처—동아일보 2011.12.16)

가중치란 모집단위별 특성을 고려, 수능시험 5개 영역(언어, 수리, 외국어, 탐구, 제2외국어/한문) 중 특정 영역의 성적 반영비율을 더 높게 해 전형총점을 계산하는 것을 말한다.

만약 어느 대하이 모집단위가 수리영역에 가중치를 부여한다고 하면 수능 총점이 같은 학생이라도 수리영역이 우수한 학생이 유리해진다. 서울대의 각 영역별 가중치를 살펴보면 언어(100)·외국어(100)·수리(125)·탐구(75)·제2외국어/한문(25)의 비율을 적용한다. 인문·자연계열 모두 수리영역에 가중치를 두고 있다. 언어나 외국어성적은 성적표에 기재된 표준점수를 그대로 반영하지만, 수리 '가''나'형의 경우 '성적표에 기재된 표준점수×5/4'(인문·자연계열)를 반영한다. 수리영역에 1.25배의 비율로 더 높여 계산해 산출하는 것이다. 그러므로 서울대 응시자의 경우 수리영역 우수자가 굉장히 유리해진다.

가산점

대학별 환산점수를 계산할 때 수능 특정 영역에 얹어주는 점수.

■ **관련 검색어**　　백분위, 표준점수, 대학별 환산점수, 가중치

> 수능성적표를 받았다고 해서 자신의 점수가 확정된 건 아니다. 대학마다 영역별 반영비율과 **가산점**이 다르기 때문이다. 서로 총점이나 백분위가 같다고 해서 대학 진학 조건이 모두 똑같지는 않다는 얘기다. 수험생 각자가 대학별 점수체계를 충분히 이해한 다음 자신에게 맞는 '황금 조합'을 찾는 게 중요한 이유다.(출처-중앙일보 2011.11.30)

　　　　가산점이란 대학이 모집단위별 특성을 고려해 수능 반영 영역 중 특정 영역에 점수를 더 주어 전형총점을 산출하는 것을 말한다. 가산점은 점수를 더 얹어주는 것이고, 가중치는 비율을 더 높여서 계산하는 것이 차이다. 가산점은 주로 다른 응시자들보다 어려운 교과시험을 치른 응시자에게 주어진다.

예를 들어 정시모집에서 인문계열 응시자가 수리 '가'형을 응시할 때나, 또는 교차지원이 가능한 학과에서 수리 '가'나 과탐영역을 선택한 경우에 적용한다. 예시(표)로 든 학생은 수리 '가'형을 선택해 백분위 96점, 표준점수 130점을 받고 인문계열에 응시했다. 그런데 인문계열을 선택하게 되면 본인 백분위 96에 해당하는 수리 '나'형의 표준점수를 부여받는다. 수리 '나'형의 백분위 96에 해당하는 표준점수는 134.5점(2012학년도 수능 기준)이 되어 4.5점이 더 유리해진다. 이 표준점수에 서울대식 가중치(수리 125)를 부여해 환산하면 168.125점이 된다. 여기에 앞서 산출(적용③ 참조)한 수리 '가'형 선택에 따른 서

울대식 가산점 8.16점이 다시 더해진다. 그렇게 되면 이 학생은 수리에서 기존의 가중치 점수 이외에도 12.56점(4.5점+8.16점)을 더 부여받게 돼서 매우 유리한 위치가 되는 것이다.

가산점을 적용하는 방식은 대학마다 다르지만 다른 대학들도 독자적인 반영

수리 '가'형 응시(인문계열)의 경우, 가산점 적용 전후의 점수 비교
(2012학년도 서울대 인문계 ○○학부)

〈가산점 적용 전〉

언어			수리(가)			외국어			탐구 3 과목 (표점)	제2 외국어 (백분위)	합 (언수외탐구 표점)	2012학년도 서울대식 환산					
표준점수	백분위	등급	표준점수	백분위	등급	표준점수	백분위	등급				언어	수리	외국어	탐구	제2외국어	합
137	100	1	130	96	1	120	79	3	137	96	524	137	162.5	120	101.05	35.11	555.66

〈가산점 적용 후〉

언어			수리(가)			외국어			탐구 3 과목 (표점)	제2 외국어 (백분위)	합 (언수외탐구 표점)	2012학년도 서울대식 환산					
표준점수	백분위	등급	표준점수	백분위	등급	표준점수	백분위	등급				언어	수리	외국어	탐구	제2외국어	합
137	100	1	① 134.5	96	1	120	79	3	137	96	528.5	137	② 168.125+ ③ 8.16 가산	120	101.05	35.11	569.445

2012학년도 서울대 수리 '가'형 응시자의 가산점 적용 3단계
① 수리 '가'형 백분위 96에 해당하는 수리 '나'형의 백분위 96의 표준점수 적용 : 130점(가형) → 134.5점(나형)
② 134.5점에 서울대 수리영역 가중치 1.25배 적용 : 134.5×1.25=168.125
③ 수리 '가'형을 응시한 학생들에게 주어지는 2012학년도 서울대식 가산점 8.16점
  (계산방식: 백분위 100에 해당하는 표준점수 138에서, 백분위 50에 해당하는 표준점수 97.16을 빼고 5로 나눔) :
  (138-97.16)÷5=8.16

방식으로 가산점을 부여하고 있다. 인문계열 응시자가 수리 '가'형 시험을 치렀을 때 가산점을 주는 방식은 서울대 외에도 이화여대(스크랜튼학부)가 채택하고 있고, 자연계열 응시자가 수리 '가'형이나 과학탐구 시험을 치렀을 때 가산점을 주는 방식은 한양대, 이화여대, 동국대, 숙명여대가 채택하고 있다.

따라서 정시모집 지원 시에는 가산점 제도에 대해서도 확인해두는 것이 좋다. 지원 가능한 대학 중에서도 이왕이면 가산점을 받을 수 있는 대학에 응시하는 것이 합격 가능성을 더욱 높일 수 있는 방법이 되기 때문이다.

3+1, 2+1식 수능 반영방식

대학이 응시자의 수능 성적을 평가에 반영할 때 필수과목과 선택과목을
조합하는 방식.

■ **관련 검색어** 대학수학능력시험, 대학별 환산점수

“ 수능 반영방식은 '3+1' 체제로서 가군과 다군은 탐구영역 교차지원이 가능하다. 수리 '가'형 선택자에게 수리영역 취득 성적의 5% 가산점(인문·사회계 모집단위, 신학과 제외)을 부여한다.(출처-경향신문 2011.12.05) ”

3+1식은 수능 성적에서 언어, 수리, 외국어 성적 3개는 필수로 반영하고 사회탐구, 과학탐구, 직업탐구영역에서 1영역을 선택할 수 있는 방식을 의미한다. 한편, '2+1'은 언·외+사탐 또는 수·외+과탐처럼 모집계열에 따라 언어, 수리, 외국어 중 '2'개 영역에 사탐, 과탐, 직탐 중 '1'개 영역을 반영하는 방식을 말한다.

수능 초기에는 한양대, 중앙대, 경희대 등이 '2+1'(3개 영역)체제를 실시했으나,

2+1체제로 수능 반영방식을 적용하는 주요 대학

모집계열	군	대학
인문계열	가군	가천대, 경기대, 고려대(세종), 연세대(원주), 덕성여대, 성신여대 등
	나군	연세대(원주), 덕성여대, 동덕여대 등
	다군	가천대, 고려대(세종), 서울여대, 홍익대(자율전공) 등
자연계열	가군	관동대(의학), 이화여대(간호·보건관리·식품영양), 숙명여대(식품영양, 의류 제외) 등
	나군	건양대(의학), 항공대 등
	다군	항공대 등

나중에 수능 변별력을 보완하기 위해 '3+1'(4개 영역)체제로 전환했다. 지금은 대부분의 대학이 '3+1'식 수능 반영을 하고 있다.

한편 대학 입장에서는 전략적으로 '2+1' 전형을 고수하기도 한다. 경쟁률이 높아지면 합격선도 올리는 효과를 거둘 수 있기 때문이다. 홍익대(다군 자율전공: 언·수·외탐 중 택 3), 항공대(나, 다군), 성신여대(가군 언·외+수탐(택1)) 등이 그 예다. 실제로 위 대학에 지원할 때는 '3+1' 체제의 비슷한 수준 대학보다 경쟁률이 더 치열해 합격선이 높게 형성된다는 점을 유의해야 한다.

수능100%전형

정시모집에서 대학이 신입생을 수능 성적만으로 100% 선발하는 전형.

혼동어	수능 우선선발
관련 검색어	정시모집, 추가합격

> 사립대 정시는 **수능 100%**로 선발하는 '우선선발' 합격자를 정한 후 수능과 내신을 배합하여 선발하는 '일반선발' 합격자를 정하는데, 거의 모든 사립대는 우선선발 인원이 더 많다.(출처—조선일보 2012.02.28)

수능100%전형은 수능 성적만으로 모집정원 전체를 선발하는 방식이다. 일정비율을 다른 방식으로 선발하는 보통의 전형과 달리 오로지 수능 성적으로만 신입생을 뽑는다. 이 전형은 추가합격이 생겨도 수능 성적으로만 충원한다.

최근 상위권 대학은 수능100%전형을 늘리는 추세다. 2012학년도 기준으로 주요 대학은 정시모집의 약 25%를 수능100%전형으로 선발했다. 이를 통해 주요 대학의 정시모집은 구조상, 수능 성적이 절대적 비중을 차지하는 쪽으로 완전히 이동한 것임을 알 수 있다.

수능100%전형을 실시하는 대학

한양대, 중앙대, 경희대, 한국외국어대, 서울시립대, 동국대, 숙명여대(일부 모집군에 한함)

비교내신

수능 성적 등을 연동해 산출한 점수를 내신으로 활용하는 제도.

비교내신제는 고졸검정고시를 치른 학생처럼 학교생활기록부로 전형하기 어려울 때 수능 성적과 연동해 산출한 점수를 내신으로 활용하는 제도다.

비교내신제는 수험생 중에서 학생부 성적을 산출할 수 없는 지원자 즉, 검정고시 출신자, 고등학교를 졸업하고 일정 기간 이상 경과된 자 등을 대상으로 적용한다. 이러한 경우 대학 자체 기준(수능 성적, 검정고시 성적, 논술고사 성적 등)에 따라 학생부 성적을 산출하게 되는데, 이를 비교내신이라 한다.

비교내신 적용 시기는 대학마다 차이가 있으며, 지원자에게 학생부 성적과 비교내신 중에 선택하도록 하는 대학도 있다. 비교내신 적용 방법은 대학마다 다르므로 각 대학의 모집요강을 확인해야 한다. 비교내신을 적용하면 내신 성적이 저조하지만 수능 성적이 우수한 학생이 유리해지는 면이 있다. 특히 특목고 출신 N수생에게는 유리하게 작용할 수 있다.

비교내신 적용 대상

- 고등학교 졸업 후 일정 기간이 경과한 수험생
- 특목고(과학고·외국어고·국제고) 출신자 중 비교내신을 희망하는 수험생
- 고등학교 졸업학력 검정고시 합격자
- 교과교육 소년원의 고등학교 과정 이수자
- 외국 고등학교 과정 이수자
- 일반계 고등학교 직업과정 위탁생 중 졸업자 또는 졸업예정자
- 공업계 고등학교 2+1 체제 이수자
- 기타 정당한 사유로 인해 일부 학기 또는 일부 학년의 학생부 성적이 없는 수험생

주요 대학의 N수생 비교내신 적용 현황(2012학년도 기준)

구분	지역	대학
재수생 이상	서울	가톨릭대(신학제외), 경희대(서울), 국민대, 동국대(서울), 한국외대(서울), 홍익대(서울)
	인천/경기	경희대(국제), 수원대, 아주대, 용인대, 한국외대(글로벌)
	대전/충남	공주교대, 금강대, 나사렛대, 백석대, 한남대, 홍익대(세종)
	부산/경남	인제대
삼수생 이상	서울	가톨릭대(신학), 고려대(서울), 덕성여대, 명지대(서울), 삼육대, 서강대, 서울대, 서울시립대, 성균관대, 성신여대, 숙명여대, 연세대(서울), 중앙대(서울), 총신대, 한성대
	인천/경기	가천대(경원), 단국대(죽전), 명지대(용인), 을지대(성남), 인천가톨릭대, 인하대, 중앙대(안성), 한국산업기술대, 한세대
	대전/충남	건양대, 고려대(세종), 단국대(천안), 대전대, 을지대(대전), 한서대
	대구/경북	금오공대, 대구한외대
	부산/경남	경남대, 동아대, 동의대
	강원/제주	강릉원주대(강릉), 강릉원주대(원주), 강원대(삼척), 연세대(원주), 제주대
사수생 이상	서울	광운대, 상명대(서울), 서울교대, 서울기독대, 세종대, 숭실대, 이화여대
	인천/경기	경인교대, 인천대, 치의과학대, 한신대
	대전/충남	공주대, 상명대(천안)
	대구/경북	대구가톨릭대, 영남대, 한동대
	광주/전남	광주교대, 목포해양대, 조선대
	전북/충북	군산대, 원광대, 건국대(글로벌), 세명대, 청주교대
	부산/경남	경상대, 부경대, 부산대, 한국해양대
	강원/제주	상지대
육수생 이상	서울	경기대(서울), 서울과학기술대, 한국성서대, 한양대(서울)
팔수생 이상	서울	건국대(서울), 성공회대

미등록충원

대학 합격자 가운데 등록하지 않아 발생하는 결원을 추가합격자로 보충하는 것.

■ 관련 검색어   수시모집, 정시모집, 분할모집

> 예년에는 수시 일반전형 합격자 중 미등록 인원은 정시모집으로 이월했으나 올해는 일반, 특별전형 모두 **미등록충원**을 실시한다.(출처−조선일보 2011.08.30)

미등록충원이란 수시 및 정시모집에서 등록하지 않은 학생 수만큼 충원 합격자를 발표해 보충하는 것이다. 정시모집에서 분할모집에 따른 복수합격자가 발생하게 되자 복수합격한 학생들이 상위 서열 대학으로 이탈하면서 연쇄적인 미등록이 발생하게 되었다. 이에 대학이 미등록 인원만큼 추가합격자를 내게 한 조치다. 미등록충원은 정시모집에서 처음 실시되었으나 최근에는 수시모집에도 도입되었다.

2012학년도부터 수시모집에서도 미등록충원 조치를 허용했다. 예를 들면, 과거에는 수시모집에서 1000명을 선발하기로 한 대학에서 최초 합격자 중 600명만 등록하고 400명이 등록하지 않을 경우, 이 인원을 정시로 이월해서 선발했었다. 그러나 2012학년도부터는 미등록한 400명에 해당하는 인원(1001등~1400등)을 충원 합격자로 발표하도록 하고 있다. 2012학년도에는 수시 등록 기간 이후 닷새간 미등록충원 합격자를 발표하고 추가등록하게 하는 미등록충원 기간을 두었다. 덕분에 대학들은 예고한 모집인원대로 학생을 거의 다 뽑을 수 있었다. 그런데 만약 미등록충원 기간을 넘겨도 여전히 미충원이 발생할 경우에는 정시모집으로 이월해서 선발한다.

2013학년도부터 수시 최초 합격자는 물론 미등록충원 합격자도 등록 여부와 상관없이 정시에 지원할 수 없기 때문에 신중한 전략 수립이 필요해졌다.(케이스 스터디 p228 참조)

전과

선택한 전공에서 다른 전공으로 바꾸는 것.

■ **관련 검색어**   전공예약제, 복수전공

> 66 지난달 23일 한국외국어대 서울캠퍼스 곳곳에 '용인캠퍼스 학생들의 복수전공 허용에 서울캠퍼스로 **전과** 허용까지? 서울캠퍼스 학생의 희생 강요하는 학칙개정안 반대한다'는 제목의 대자보가 붙었다. 이 학교 스페인어과 3학년 유모 씨는 대자보에서 "복수전공 제도로 용인캠퍼스 학생들이 서울캠퍼스 졸업장을 갖고 사회로 나가고 있는데, 학교가 캠퍼스 간 **전과**까지 허용하기로 했다"며 "각각 다른 성적을 인정받은 학생들을 동일하게 대우하는 불합리한 제도"라고 주장했다. 이 대자보에는 유 씨를 비롯해 120명의 학생이 서명했다.(출처-동아일보 2010.12.30) 99

학과별 모집보다는 계열별, 학부별 모집방식이 일반화되면서 입학과 동시에 전공을 선택하는 경우는 드물어졌다. 따라서 보다 심사숙고해 적성에도 맞고 원하는 전공을 선택할 수 있게 된 셈인데 그럼에도 불구하고 선택한 전공이 적성에 맞지 않는다는 사실을 뒤늦게 깨닫거나 새로운 적성을 발견하게 되는 경우라면 다른 전공으로 바꾸는 것이 불가피하다.

이렇게 선택한 전공을 다른 전공으로 바꾸는 것을 학과를 옮긴다고 해서 전과라고 한다. 그러나 전공별로 학생선발 기준이 존재하고 정원을 무한정 늘릴 수는 없기 때문에 원한다고 해서 누구에게나 전과가 허용되는 것은 아니다. 대학마다 전과를 허용하는 기준과 전과를 위해 거쳐야 하는 과정을 정해 두고 있으므로 대학이 정한 조건에 부합해야만 전과를 할 수 있다. 서울대의 경우는 계열별, 학부별로 신입생을 선발해 3학년 때 1차로 전공을 선택하게 한 후 4학년에 올라가면서도 전공계열별로 정원의 20% 한도 내에서 다시 한 번 전공을 선택할 기회를 주는 식으로 전과제도를 운영하고 있다.

자유전공제

전공을 정하지 않은 채 입학해 다양한 학업을 경험한 후 2~3학년 무렵에
전공을 선택하게 하는 제도.

■ **관련 검색어**　　입학사정관제, 학교생활기록부

❝ 이화여대는 2009학년도 입시에서부터 **자유전공제**(스크랜튼학부)를 도입했다. 우수
학생을 선발해 미래지향적·융합학문적 교육 시스템을 제공, 글로벌 인재로 양성하
는 게 목표다. '스크랜튼'이란 명칭은 학교 설립자인 메리 F. 스크랜튼 선교사의 이
름을 본뜬 것이다. 2013학년도 스크랜튼학부 신입생은 수시 이화글로벌인재전형
과 정시 일반전형을 통해 선발한다.(출처─조선일보 2012.05.17) ❞

　　　　자유전공제란 전공을 대략적으로도 정하지 않은 채 입학해 다
양한 학업을 경험하고 탐색하다가 2~3학년 무렵에 전공을 선택하게 하는 제
도를 말한다. 계열별, 학부별 모집방식이 전공을 확정하지는 않아도 장차 전
공하게 될 학문의 범주를 정한 상태에서 모집하는 방식이라면 자유전공제는
계열과 학부의 범주마저 넘어서는 개념이라고 할 수 있다.

그러나 워낙 실험적인 제도여서 이 제도를 도입한 대학에서는 신입생 중 일부
에게만 자유전공의 기회를 제공하고 있다. 자유전공학부를 설치해 자유전공
신입생을 선발하는 방식이다. 학부라는 이름으로 묶여 있기는 해도 자유전
공이 원칙이므로 일반 학부와는 다른 개념의 학부인 셈이다. 2009학년도부
터 서울대, 고려대, 연세대, 성균관대, 건국대, 중앙대 등 주요 대학이 자유전
공학부를 설치했고 2007년 신설된 이화여대의 자기설계전공인 스크랜튼학
부도 자유전공학부에 해당한다.

이처럼 주요 대학 위주로 자유전공제를 실험하고 있는 단계이기는 하나 자유

전공제에 대한 긍정적인 평가보다는 부정적인 평가가 많은 것이 사실이다. 미국식 제도여서 소속감을 중시하는 우리나라 대학문화에 적합하지 않다는 비판이 가장 보편적이다. 소속감이 없으면 대학 적응능력이 떨어지고 학업에 대한 열정도 우러나지 않을 소지가 크기 때문이다.

또 대부분의 자유전공학부가 자유전공제에 대한 대학 측의 소신과 철학을 바탕으로 설치됐다기보다는 로스쿨이 생기면서 없어진 법대를 대체한 측면이 크다는 점도 자유전공제 정착이 지지부진한 이유로 꼽힌다. 이 때문에 일부 대학에서는 자유전공학부를 다시 고시 준비반이나 로스쿨 준비반으로 되돌리는 움직임도 나타나고 있다. 성균관대가 2011년 자유전공학부를 글로벌 리더학부로 전환했는데 이 학부 이수과목의 대부분이 고시 관련 과목인 것으로 알려져 있다. 중앙대도 자유전공학부의 상당수 학생이 휴학하거나 자퇴하자 공공인재학부로 전환해 로스쿨 진학과 행정고시 준비를 위한 과정으로 운영하고 있다. 애초 자유전공제 도입 취지와는 거리가 먼 움직임인 셈이다.

전공예약제

특정 학과를 전공한다는 약속하에 선발돼 입학하는 제도.

▌ 관련 검색어　　수시모집, 정시모집

> 서울대가 2012학년도 입시부터 일부 모집단위를 개별학과로 분리해 신입생을 선발한다. 서울대가 발표한 2012학년도 신입생 입학전형안에 따르면 교육학·윤리교육과군 등 3개 모집단위가 기존 학과체제로 분리된다. 사범대 교육학·윤리교육과군은 교육학과와 윤리교육과로, 공대 전기공학부·컴퓨터공학부군은 전기공학부와 컴퓨터공학부로, 생활과학대 의류·식품영양학과군은 의류학과와 식품영양학과로 각각 나눠 신입생을 뽑는다. 자연과학대 물리·천문학부는 천문학과가 **전공예약제**로 신입생 5명을 선발한다.(출처-동아일보 2011.03.28)

대학의 모집단위가 학과에서 학부, 계열로 광역화하면서 생긴 새로운 제도가 전공예약제다. 학부별, 계열별 모집은 학부나 계열만 정한 상태에서 전공 선택 없이 입학해 1학년 때는 해당 계열에서 교양과정을 이수하고 2학년에 올라가면서 해당 계열 내에서 전공을 선택하는 단계를 밟게 돼 있다. 이를 통해 보다 적성에 맞는 전공을 선택할 수 있게 된 반면 인기 학과나 취업률이 높은 학과로만 학생들이 몰리는 부작용이 생겼다.

그 여파로 기초학문을 다루는 학과나 비인기 학과가 명맥조차 유지할 수 없는 지경에 이르자 기초학문처럼 보호·육성해야 할 학과에 한해 전공예약제를 도입했는데 말 그대로 입학 당시 전공을 미리 정해두는 제도를 뜻한다. 정시모집보다는 주로 수시모집에서 일정 비율을 전공예약자로 선발한다. 전공예약자는 특정 학과를 전공한다는 약속하에 선발되는 학생이므로 1학년 때는 일반 교양과정을 이수하지만 2학년에 올라가면서는 반드시 사전 약속된 전공을 선택해야 한다.

전공예약제가 적용되는 학과는 비인기 학과인 경우가 대부분이지만 해당 전공을 원하는 수험생에게는 입학의 좋은 기회가 될 수 있다. 모 대학의 한문전공은 미달사태가 나기까지 했다. 현재 전공예약제를 실시하는 대학으로는 서울대, 서강대, 성균관대 등이 있다.

사소한 차이가 합격과 불합격을 가른다!

성공사례와 실패사례에서 배우는 입시지원 전략

대학입시 전반에 대한 종합적인 이해와 활용을
도모하고자 실제 케이스를 분석했다.
이를 위해 대학입시 분야를 5개로 구분하고 각각의 분야에서
대표되는 사례를 선별해 케이스를 구성했다.
수험생이 대학입시 개념어에 대한 이해와 실제 케이스 분석을 병행하면
대학입시에 대한 통찰력이 생기고 향후 합리적이고
전략적인 입시 준비와 지원이 가능하게 될 것이다.

정시모집의 경우 수시모집과 마찬가지로 다양한 전형이 존재하지만 수능 성적으로 학생을 선발하는 것이 일반적이다. 이처럼 수능 성적이 중요한 전형요소이다 보니 정시에서는 수능 성적순으로 학생을 선발하는 것으로 오해하는 사람이 많다. 하지만 대학별로 수능시험 영역별 반영비율도 다르고 수리와 같은 특정 영역에 가산점을 부여하는 경우도 있어 단순히 수능 성적순으로 합격·불합격이 결정되지는 않는다. 또 자신의 수능 성적 특성에 따라 같은 성적대의 수험생들보다 월등히 우수한 대학 및 학과에 진학할 수도 있다.

다음에서 소개할 정시 지원 관련 다양한 사례를 참고하면 정시모집의 특성을 쉽게 파악할 수 있고 지원전략을 세우는 데도 큰 도움이 될 것이다.

수능 성적 향상으로 합격한 사례

"그렇게 공부 잘하는 애가 왜 대학에 떨어져?"
공부 잘하기로 소문난 학생이 대학입시에 실패했다는 소식이 들려오면 사람들이 흔히 보이는 반응이다. 공부 잘하는 학생은 대학, 그것도 이른바 명문대학으로 알려진 상위권 대학에 거뜬히 합격할 것으로 생각하곤 하지만 현실은 그렇지 않다. 수능시험이 고등학교 교육과정을 종합적으로 평가하는 시험이기는 해도 출제 유형을 제대로 익히지 않으면 성적이 잘 나오지 않는 경우가 많기 때문이다.

고등학교 재학 당시 전교 1등을 놓친 적이 없을 정도로 내신 성적이 우수했던 학생이 대학입시에 실패한 이유도 수능시험 대비에 소홀한 데서 찾을 수 있다. 이 학생은 최상위권 학생답게 명문대 경영학과 지원을 목표로 하고 있었으나 안타깝게도 수시와 정시에서 모두 불합격하고 말았다. 내신 성적이 좋았던 만큼 지원한 대학의 기준에 따라 환산한 내신등급도 1등급을 벗어나지 않았지만 문제는 수능 성적이었다. 주요 과목인 언어, 수리영역에서 내신등급에 미치지 못하는 3등급과 2등급을 받는 데 그쳐 대부분이 1등급인 상위권 대학 경쟁상대자들보다 수능 성적이 뒤처졌기 때문이다.

그러나 재수를 하면서 수능시험 대비에만 집중하자 수능 성적이 눈에 띄게 향상되기 시작했고 1년 뒤 다시 치른 수능시험에서는 전 영역 1등급을 기록했다.

사례 학생의 대학별 내신 성적 환산등급

대학	서울대	연세대	고려대
등급	1.14	1	1

수시 지원은 학생의 평가원 성적 중, 가장 낮은 9월 평가원 성적(언·수·외 등급합 4, 백분위 합 285)을 토대로 지원 가능권 대학을 설정했다. 그 결과 연세대, 고려대, 서강대, 성균관대와 경찰대에 각각 지원하는 것으로 결정했다. 연세대는 학생의 우수한 외국어 교과 성적을 고려해 글로벌리더전형에 지원

사례 학생의 2011학년도 수능 성적

구분	언어	수리	외국어	사회·탐구영역				제2외국어
				한국지리	국사	근현대사	정치	아랍어
표점	121	138	137	63	68	67	66	88
백분위	85	95	99	87	95	98	92	98
등급	3	2	1	3	1	1	2	1

사례 학생의 2012학년도 평가원 모의고사 성적

구분		언어	수리	외국어	탐구영역		
					1	2	3
6월	표준점수	122	141	138	–	0	0
	백분위	96	98	97	98	0	0
	등급	1	1	1	1	0	0
9월	원점수	94	100	96	–	–	–
	백분위	88	99	98	96	96	98
	등급	2	1	1	1	1	1

사례 학생의 2012학년도 최종 수능 성적

구분	언어영역	수리영역	외국어영역	사회탐구영역			제2외국어
		나형		국사	한국지리	근현대사	아랍어
표준점수	134	135	130	70	64	69	83
백분위	99	97	99	98	97	99	99
등급	1	1	1	1	1	1	1

했고, 나머지 대학은 수시 일반전형으로 지원해두었다. 서울대는 전년도 지원 결과를 두고 숙고한 결과, 수시보다는 정시가 유리해 지원하지 않았다.

수능시험 가채점 직후, 학생의 수능 성적이 최상위권일 것으로 판단되면서 지원해둔 수시모집 대학에 대한 응시 여부를 전략적으로 고민하기 시작했다. 우선 고려대, 서강대, 성균관대 논술시험에 응시하지 않기로 했다. 정시로도 위 대학은 적정지원 또는 하향지원이 되기 때문이었다. 무엇보다도 수시모집에 합격하면 등록 여부와 상관없이 정시모집에 지원할 수 없으므로 전략적으로 지원을 포기한 것이다.

학생이 수시모집에 지원했던 연세대에는 합격했으나 추가합격(2013학년도부터는 수시 추가합격자도 정시 지원 자격이 없어짐)이었으므로 등록을 포기했다. 왜냐하면 경찰대에도 이미 합격한 상태였으므로 이를 보험용으로 두고 서울대 정시모집에 지원해볼 기회를 얻기 위해서였다. 경찰대는 합격하더라도 그와 상관없이 정시 지원이 가능하기 때문에 학생의 최종 지원 결과에 따라 등록 여부를 결정할 수 있다.

이렇게 상황이 정리되자, 정시에서는 명문대 상위권 학과 위주로 소신지원을 했다. 이 학생의 수능 성적은 전체 수험생 중에서 언·수·외 상위 0.4% 이내였다. 가군의 고려대 경영학과는 배치점수상 상위 0.2% 안에 들어야 합격 안정권으로 볼 수 있었으나, 이미 학생이 수시에서 경찰대에 합격한 상태였고 고려대 경영학과라면 추가합격의 가능성이 있으므로 소신지원을 해도 큰 부담이 없을 것으로 판단했다. 정시 나군에는 서울대 자유전공에 원서를 넣었는데 서울대 자유전공은 수능 성적으로 1단계만 통과한다면, 학생의 우수한 내신 성적을 고려할 때 합격을 장담할 수 있었다.

이렇게 수능 성적과 내신 성적을 기준으로 수시지원 대학의 응시 여부를 전략적으로 판단하고 정시 지원 대학을 선택한 결과, 이 학생은 고려대 경영학과와 서울대 자유전공에 모두 합격하는 성과를 얻을 수 있었다.

사례 학생의 2012학년도 수시 지원 대학 및 지원 결과

대학	학과	모집정원	경쟁률	최종결과
연세대	정외(글로벌리더)			추가합격, 미등록 결정
고려대	경영	124명	47.57 : 1	논술시험 미응시
서강대	경영	116명	52.43 : 1	논술시험 미응시
성균관대	경영	74명	97.01:1	논술시험 미응시
경찰대		120명		합격

사례 학생의 2012학년도 정시 지원 대학 및 결과

가군					나군				
대학	학과	모집정원	경쟁률	결과	대학	학과	모집정원	경쟁률	결과
고려대	경영	108명	3.78:1	합격	서울대	자유전공	28명	4.61:1	합격

대학별 환산점수를 이용해 합격한 사례

대학별 환산점수도 당락을 좌우하는 중요한 요소다. 실제 대학에 따라 특정 영역의 반영비율을 높이거나 가산점 또는 가중치를 주는 방법으로 수능 성적을 환산해 평가한다는 점을 고려해 합격하는 사례는 상당히 많다.

대학별 환산점수 계산 방법의 일종인 영역별 가중치를 이용해 합격한 사례가 대표적이다. 수능시험 결과, 언어영역과 외국어영역을 제외한 나머지 영역 성적이 상위권 대학에 합격할 만큼 우수하지 않았던 수험생이 한국외대 자유전공학부에 추가합격할 수 있었던 것은 가중치의 혜택을 입은 결과였다. 대학에서 영어전공을 희망하던 이 학생의 경우, 외국어영역에서 만점을 받았기 때문에 대학별 환산점수를 잘 활용하면 원하는 대학 학과에 합격할 가능성이 있었다.

〈지원 대학 및 결과〉

사설 입시기관의 배치표상으로는 경희대 영어학부와 한국외대 자유전공학부가 이 학생의 성적으로 지원할 수 있는 성적대에 위치하고 있었다. 경희대는 외국어영역에 30%의 가중치를, 한국외대는 40%의 가중치를 반영하고 있었으므로 가군에서는 경희대 영어학부를, 나군에서는 한국외대 자유전공학부에 지원했다. 한국외대 영어전공은 합격선이 높아 가중치를 감안해도 이 학생의 수능 성적으로는 합격 가능성이 낮기 때문에 2학년 또는 3학년에 올라가면서 원하는 전공을 선택할 수 있는 자유전공학부가 유리할 것으로 판단했다.

그 결과, 경희대 영어학부에는 불합격했지만 한국외대 자유전공학부에는 합격할 수 있었다. 미등록에 따른 추가합격이기는 했으나 30%의 가중치보다 40%의 가중치가 유리하게 작용한 결과였다. 이렇게 수능 성적 때문에 합격

사례 학생의 2012학년도 최종 수능 성적

구분	언어영역	수리영역	외국어	사회탐구영역			제2외국어
		나형	영역	윤리	한국지리	정치	
표준점수	131	130	130	65	57	64	
백분위	96	91	99	91	68	91	
등급	1	2	1	2	4	2	

사례 학생의 2012학년도 정시 지원 대학 및 결과

가군			나군		
대학	학과	결과	대학	학과	결과
경희대	영어학부	불합격	한국외대	자유전공학부	추가합격

가능성이 불안한 경우에도 특정 영역을 높이 평가하는 대학별 환산점수 체계를 잘 이해하고 활용하면 합격 가능성을 높일 길은 얼마든지 열려 있다.

수시 합격으로 정시 지원 기회 놓친 사례

수능시험이 끝나고 나서 이르면 하루나 이틀 후부터 수시모집 전형 논술고사가 시작된다. 수시에 합격하면 정시 지원을 할 수 없기 때문에 수시모집에 지원해둔 수험생이라면 응시 여부를 잘 판단해야 정시 지원 자격이 제한되지 않는다. 이 판단을 위해 반드시 필요한 것이 수능시험 가채점 결과다. 20일 정도 걸리는 수능 성적표가 나올 때까지 기다리다가는 수시 응시 기회도 놓치고 정시모집에서 갈만한 대학이 없어 낭패를 보기 십상이다.

그러므로 수능시험이 끝나자마자 가채점을 한 후 정시 합격 가능성에 따라 수시전형에 응시할지 말지 전략적으로 판단해야 한다. 별 생각 없이 수시 전형에 응시했다가 합격하는 바람에 정시에서 더 좋은 기회를 놓치는 사례가 드물지 않기 때문이다.

수시 전형에서 서강대 인문학부에 합격한 수험생의 경우도 이런 사례에 해당한다. 이 학생은 수능시험 가채점 결과 전체 영역에서 1등급이 나왔으나 수시 응시가 정시 지원에 어떤 영향을 미칠지 크게 고려치 않고 지원해둔 모든 수시전형 논술고사에 응시했다. 그 결과, 연세대와 고려대는 불합격하고 서강대와 한국외대에 합격하는 바람에 그만 정시 지원 기회가 차단되고 말았다.

수능 성적 결과로 봤을 때 정시에 지원할 경우, 수시에서 불합격한 연세대와 고려대 상위학과에도 무난히 합격할만한 성적이었으므로 가채점 후 서강대와 한국외대 논술고사에는 응시하지 않는 편이 현명한 결정이었을 것이다. 그러나 재수를 택하지 않는 한 중복합격한 서강대와 한국외대 중에서 결정하는 길 외에는 달리 선택의 여지가 없었다. 가채점 결과를 면밀히 분석해 수시 응시 여부와 정시 지원 여부를 판단하는 것이 그래서 중요하다고 하는 것이다. 이 과정에서 진학할 수 있는 대학 및 학과가 크게 달라질 가능성이 높기 때문이다.

사례 학생의 2012학년도 최종 수능 성적

구분	언어영역	수리영역	외국어영역	사회탐구영역		제2외국어
		나형		윤리	사회문화	
표준점수	136	138	130	70	68	
백분위	100	100	99	99	99	
등급	1	1	1	1	1	

사례 학생의 2012학년도 수시 결과 및 등록
- 연세대·고려대 수시 불합격
- 서강대 인문학부 수시 합격 (등록 결정)
- 한국외대 자유전공 수시 합격

2+1 수능 반영방식으로 합격한 사례

2+1 방식은 모집계열에 따라 언어·외국어+사회탐구 또는 수리·외국어+과학탐구를 반영하는 방식이 일반적이다. 만약 수능에서 언어, 수리, 외국어 중 한 과목만 심하게 망쳤을 경우 2+1 반영방식을 채택한 대학에 지원하는 것이 합격 가능성을 높이는 방법이다.

수능시험 결과 수리영역과 외국어영역에서는 1등급을 받았으나 언어영역을 망쳐 4등급밖에 받지 못했다. 그래서 선택한 것이 2+1 반영방식을 적용하는 대학에 지원하는 방법이었다. 홍익대 자율전공학부가 이런 방식으로 수능 성적을 반영하고 있었으므로 홍익대 자율전공학부에는 합격을 목표로 지원하고 다른 모집군에서는 3+1 반영방식을 채택한 대학에 원서를 넣었다. 예상했던 대로 홍익대 자율전공학부로부터만 합격 통보를 받을 수 있었다. 2+1 반영방식의 효과를 본 결과였던 셈이다.

사례 학생의 2012학년도 최종 수능 성적

구분	언어영역	수리영역	외국어영역	사회탐구영역			제2외국어
		나형		국사	한국지리	근현대사	아랍어
표준점수	115	135	130	67	64	64	69
백분위	74	97	99	91	97	91	92
등급	4	1	1	2	1	2	2

사례 학생의 2012학년도 정시 지원 결과

홍익대 자율전공학부 최초 합격

수시모집 일반전형_ 논술고사 중심 전형

논술고사는 수시모집 일반전형에서 실시하는 대학별고사의 한 종류다. 수시모집 일반전형에서 상위권 대학은 논술고사로 신입생을 선발하는 반면 중위권 대학으로 갈수록 학생부 성적으로 선발하는 것이 일반적인 경향이다. 예외적으로 서울대는 정시모집에서도 일부 모집단위에서 논술고사를 실시하고 있다.

그러나 논술전형이라고 해서 논술 실력만으로 합격할 수 있을 것으로 믿어서는 곤란하다. 수능최저학력기준을 적용하는 대학이 대부분이어서 논술 실력이 아무리 우수해도 수능 성적이 대학에서 제시하는 기준에 미달하면 합격할 수 없기 때문이다.

따라서 수시 일반전형(논술전형)에 응시할 때도 전략적인 접근이 필요하다. 첫째, 수능 성적에 자신이 없으면 수능최저학력기준을 적용하지 않는 대학에 지원하거나, 둘째 실제 수능 성적이 정시 기준으로 지원 희망 대학·학과에 충분히 합격 가능할 정도로 잘 나오면 논술고사에 미응시하고 정시 지원으로 바꾸는 등의 전략이 그것이다.

수능최저학력기준 미충족으로 탈락한 사례

수시 일반전형(논술전형)을 준비하는 수험생들이 흔히 착각하는 것이 뛰어난 논술 실력만 뒷받침되면 합격이 가능할 것으로 믿는 것이다. 그러나 의외로 수능최저학력기준에 미달해 불합격하는 사례가 적지 않다. 수시 일반전형(논술전형)에서 요구하는 수능최저학력기준은 대학별로 차이가 있지만 평균적으로 수능 4개 영역 중 2개 영역 2등급 이상을 요구하고 있다.

아래의 사례는 논술 모의고사에서 꾸준히 A등급을 기록할 정도로 논술 실력이 우수한 수험생이 수능최저학력기준 때문에 불합격한 사례다. 평소 수능 모의고사 성적으로는 언어·수리·외국어영역에서 모두 2등급이 나와 논술전형 일반선발에서 무난히 합격할 것으로 예상됐으나 본 수능시험에서는 언어, 수리, 외국어 영역에서 모두 3등급을 받아 수능최저기준을 충족시키지 못했다. 이런 경우 수능최저학력기준을 적용하지 않는 대학에도 지원하는 전략이 필요했지만 수능최저학력기준을 충분히 맞출 수 있을 것으로 자만한 것이 이

사례 학생의 수능 모의고사 및 최종 수능 성적 결과

구분		필수영역			선택영역		
		언어	수리	외국어	탐구1	탐구2	탐구3
6월	표준점수	120	130	129	49	59	52
	백분위	91	88	89	50	80	54
	등급	2	2	2	5	3	5
9월	표준점수	123	131	128	44	51	56
	백분위	94	90	90	32	58	69
	등급	2	2	2	6	4	4
수능	표준점수	123	126	120	51	53	
	백분위	87	86	79	53	59	
	등급	3	3	3	5	5	

학생의 결정적인 실수였다. 결국 경희대, 서강대, 한국외대 등 무려 7곳(2013학년도부터는 수시 최대 지원 횟수가 6회로 제한됨)이나 지원한 수시 전형에서 모두 수능최저학력기준 때문에 탈락하고 말았다.

사례 학생의 수시 지원 대학 및 결과

대학	경희대	고려대	서강대	성균관대	한국외대	중앙대	한양대
모집단위	자율전공	보건과학	국제I	인문계열	아랍어	아시아문화	사회과학
결과	불합격	불합격	불합격	불합격	불합격	불합격	불합격

수시모집 논술전형의 평균경쟁률과 논술고사 시행 시기

수시 논술전형은 특별전형처럼 특별한 자격요건이 필요하지 않기 때문에 논술 실력에 상관없이 일단 지원하고 보는 수험생이 많아 명목상의 경쟁률은 상당히 높다. 그러나 논술 준비가 되어 있지 않은 응시자가 많고 논술 실력이 당락을 좌우한다고는 하지만 대부분의 대학에서 요구하는 수능최저학력기준을 충족시키지 못하는 응시자도 적지 않아 실질적인 경쟁률은 훨씬 낮은 것으로 알려져 있다(2012학년도 수시모집 최상위권 대학 경쟁률 비교 참조).

논술고사는 수능시험 전후로 실시되는데 주요 대학 가운데 연세대와 이화여대는 수능시험 이전에, 그밖의 대학은 수능시험 이후에 실시하는 것이 일반적이다.

2012학년도 수시모집 최상위권 대학 경쟁률 비교

대학	일반전형	특별전형
연세대	60.78:1	9.44:1
고려대	53.65:1	9.73:1

2012학년도 수시모집 논술고사 시행 시기

수능시험 이전	수능시험 이후
연세대, 이화여대, 건국대, 국민대, 홍익대	경희대, 서강대, 성균관대, 중앙대, 고려대, 한국외대

수능최저학력기준 미적용 대학에 지원해 합격한 사례

우수한 논술 실력에도 불구하고 수능최저학력기준 때문에 불합격한 안타까운 사례가 있는 반면, 대학을 잘 선택해 불리한 수능 성적과 상관없이 합격한 사례도 적지 않다. 수시 논술전형에서 숙명여대에 합격한 수험생이 대표적인 경우라고 할 수 있다.

이 학생은 논술모의고사 등급이 A+로 논술 실력으로는 최상위권이었다. 그러나 수능모의고사 성적은 논술 실력에 비해 뒤처지는 편이었고 실제 수능시험 결과는 더 좋지 못했다. 수능최저학력기준만 충족할 수 있다면 논술고사에서는 합격이 확실시되는 상태였지만 문제는 논술고사를 실시하는 대학 가운데 이 학생의 수능 성적으로 합격할 수 있는 대학이 거의 없다는 사실이었다.

그래서 눈을 돌린 곳이 수능최저학력기준을 적용하지 않는 대학이었다. 논술고사를 실시하는 대부분의 대학이 수능최저학력기준을 적용하고 있지만 수능 성적과 상관없이 논술 실력만으로 선발하는 대학도 일부 있기 때문이다.

사례 학생의 수능모의고사 및 수능 성적 결과

구분		필수영역			선택영역		
		언어	수리	외국어	탐구1	탐구2	탐구3
6월	표준점수	122	135	121	48	52	53
	백분위	96	93	81	53	61	58
	등급	1	2	3	5	4	5
9월	표준점수	124	134	122	46	43	62
	백분위	96	93	83	43	30	87
	등급	1	2	3	5	6	3
수능	표준점수	120	126	117	50	54	53
	백분위	82	86	75	60	62	58
	등급	3	3	4	4	4	5

동국대, 단국대, 인하대, 숙명여대 등이 대표적이다.(2012학년도 기준)
이 학생의 경우 숙명여대에 지원했고 평균적인 수능최저학력기준을 미충족
하는 수능 결과에도 불구하고 합격의 영광을 누릴수 있었다.

논술전형 우선선발로 합격한 사례

논술 실력과 수능 성적이 모두 출중한 학생이라면 최상위권 대학의 수시모집
논술전형이 유리하다. 연고대를 포함한 최상위권 대학에서는 수시 논술전형
에서 수능 성적을 기준으로 모집정원 중 일부를 우선선발 대상자로 선정하므
로 수능 고득점자의 합격 가능성이 상당히 높아지기 때문이다.
아래의 사례는 논술모의고사 성적도 A+로 최상위권이고 수능 성적도 탐구
영역 가운데 국사과목만 빼고는 모두 1등급일 정도 우수했던 수험생 사례로
서 수시 논술전형에서 우선선발로 연세대 응용통계학과에 합격할 수 있었다.

사례 학생의 수능 모의고사 및 수능 성적 결과

구분		필수영역			탐구영역		
		언어	수리	외국어	탐구1	탐구2	탐구3
6월	표준점수	123	141	137	68	70	64
	백분위	99	98	97	94	99	87
	등급	1	1	1	2	1	3
9월	표준점수	126	142	139	62	66	62
	백분위	99	99	99	83	94	84
	등급	1	1	1	3	2	3
수능	표준점수	136	138	128	67	68	65
	백분위	100	100	95	97	99	88
	등급	1	1	1	1	1	3

2012학년도 전형 기준으로 연세대 수시모집에서 우선선발 대상이 되려면 인문계열은 언어, 수리, 외국어영역에서 모두 1등급, 자연계열은 수리(가), 과학탐구 모두 1등급을 받아야 할 정도로 우선선발기준이 상당히 높다. 이는 고려대도 마찬가지여서 수능 성적 전 영역에 걸쳐 거의 1등급을 받아야만 수시 우선선발 대상이 될 수 있다.

그러나 우선선발이라고 해도 같은 성적대의 응시자들 중에서 논술 성적과 학생부 성적을 합산해 합격자를 선발하므로 수능 성적이 기본 자격요건은 될 수 있어도 당락을 좌우할 수는 없다. 학생부 성적은 반영비율도 낮고 등급 간 점수 차이도 크지 않아 변별력이 떨어지기 때문에 최종합격은 논술 실력에 영향을 받아 결정된다고 볼 수 있다. 결국 최상위권 대학의 논술전형 우선선발에서 합격하려면 이 학생처럼 수능 고득점자인 동시에 논술 실력도 뛰어나야 한다는 뜻이다.

논술전형 일반선발로 합격한 사례

수시모집에서는 수능 성적이 전형에 직접적으로 반영되지 않기 때문에 논술 실력, 학생부(교과 및 비교과영역), 어학 실력 등 수험생 개인의 능력과 특기로 평가받을 수 있는 여지가 상대적으로 많다. 따라서 수능최저학력기준만 충족하면 자신의 수능 성적보다 상위 서열 대학에 진학할 가능성도 높은 것이 수시모집의 장점이다. 물론 수시모집이라도 우선선발은 기준이 상당히 높아 수능 고득점자가 아니고는 선발 대상에 포함되기 어려운 것이 사실이다. 그러나 일반선발은 우선선발보다 이 기준을 완화해 적용하므로 수능 성적은 상대적으로 낮아도 다른 능력이 뛰어난 수험생들에게 유리한 전형이다.

수시 논술전형 일반선발로 연세대 정치외교학과에 합격한 아래의 수험생도 정시모집에 지원했더라면 가능하지 않았을 대학에 수시 전형을 통해 합격했다. 이 학생의 수능 성적은 언어와 수리영역은 1등급이었으나 외국어영역 3등급, 탐구영역 가운데 2개 영역이 2등급으로 정시모집이라면 중상위권 대학에 지원 가능한 정도였다. 그러나 논술 모의고사 성적이 A-등급이어서 최저학력기준만 충족하면 일반선발에서는 합격 가능성이 높았다. 이렇게 수시모집 전형 가운데서 자신의 능력과 특기로 지원할만한 전형을 적극적으로 찾아 지원하면 같은 성적대의 학생들보다 상위 서열 대학에 진학할 가능성이 상당히 높다.

사례 학생의 수능모의고사 및 수능 성적 결과

구분		필수영역			탐구영역		
		언어	수리	외국어	탐구1	탐구2	탐구3
6월	표준점수	122	139	139	70	70	66
	백분위	96	97	99	98	99	95
	등급	1	1	1	1	1	1
9월	표준점수	128	142	141	70	84	88
	백분위	99	99	100	99	90	98
	등급	1	1	1	1	2	1
수능	표준점수	132	135	123	62	62	66
	백분위	97	97	85	87	90	95
	등급	1	1	3	2	2	1

수시 논술전형 우선선발 vs 일반선발 경쟁률 분석

수시 논술전형 우선선발과 일반선발의 경쟁률에는 상당한 차이가 있다. 우선선발은 경쟁률이 평균 6대 1인 반면 일반선발은 평균 50대 1에 육박한다. 따라서 우선선발 대상이 되면 일반선발보다 상대적으로 낮은 경쟁률에서 유리한 경쟁을 하는 것처럼 보이고, 일반선발 대상이 되면 불리한 경쟁을 하는 것처럼 보이지만 실질적인 경쟁률을 따져보면 우선선발이나 일반선발이나 큰 차이가 없다. 논술전형에서 당락을 좌우하는 것은 결국 논술 실력이기 때문이다.

선발 대상자들의 논술 실력이 모두 동일하다고 가정한다면 응시자 수만으로 경쟁률을 따지는 것이 맞지만 실제 응시자들의 논술 실력은 동일하지 않고 논술 실력이 뛰어난 수험생의 수는 상당히 적다. 그러므로 수능 고득점자라고 해서 논술전형에서 쉽게 합격할 수 있을 것으로 믿거나 반대로 50대 1에 육박하는 명목경쟁률에 주눅 들어 합격을 비관적으로 생각하는 것이나 모두 착각에 지나지 않는다. 명목경쟁률보다 중요한 것은 실질경쟁률이고 실질경쟁률을 결정하는 것은 논술 실력이라는 사실을 명심해야만 논술전형의 특성에 맞는 대비를 할 수 있다.

다음은 2012학년도 연세대 수시모집 일반전형(논술전형)에 지원한 응시자들의 우선선발과 일반선발 경쟁률을 분석한 내용이다. 실질경쟁률을 분석하기 위해 응시자들의 논술 실력은 전국에서 회당 평균 3000명 이상이 응시하는 메가스터디의 논술 모의고사 성적 통계를 적용했다.

2012학년도 연세대 수시모집 일반전형 우선선발 vs 일반선발 경쟁률 분석

구분	우선선발	일반선발
선발인원	583명(모집정원의 70%)	250명(모집정원의 30%)
명목경쟁률	평균 6 : 1 산출근거 : 수능최저학력기준 우선선발 대상자의 평균경쟁률 (모집단위별로 4:1～8:1)	약 200 : 1 산출근거 : 총 지원자 수에서 우선선발 인원 제외한 경쟁률 50,627−583＝50,044명 → 50,044÷250≒200
실질경쟁률	약 1.3 : 1 산출근거 ① 선발인원에 평균경쟁률 적용하면 총 　경쟁자 수 3498명(583×6＝3498) ② 우선선발 대상자 중 논술 성적 　A등급 이상 : 22% ③ 3498명 중 논술 성적 A등급(22%) 　수험생은 약 770명(3498÷100×22 　＝769.56) ④ 우선선발 인원 대비 논술 성적 A등급 　수험생의 비율 583:770≒1.32	약 4.4 : 1 산출근거 ① 전체 수험생 중 논술 성적 A등급 이상 : 　약 3.7% ② 총 지원자 중 논술 성적 A등급(3.7%) 이상 　수험생은 약 1873명(50,627÷100×3.7 　＝1872.8) ③ 1837명 중 수능최저학력기준 미충족 비율 　10% 제외하면 약 1686명(대학 평균 수능최저 　학력기준 미충족 비율은 약 20% 내외) ④ 일반선발 실제 대상자 중 우선선발 인원 　제외한 인원은 1103명(1686−583＝1103) ⑤ 일반선발 인원 대비 논술 성적 A등급 　수험생의 비율 250:1103≒4.4
비고	논술 성적 A등급 응시자 비율은 메가스터디에서 시행하는 모의논술고사 성적 통계 적용	

　　　수험생들의 논술 실력 자이를 감안한 실질경쟁률을 위 도표에서처럼 분석해보면 우선선발 경쟁률은 6대 1에서 1.3대 1로, 일반선발 경쟁률은 200대 1에서 4.4대 1로 대폭 낮아지는 사실을 알 수 있다. 따라서 논술전형에서 우선선발 조건을 충족할 경우 합격 가능성이 일반선발보다 높은 것은 사실이지만 실질경쟁률상으로는 명목경쟁률만큼의 큰 차이는 없다는 사실을 명심할 필요가 있다.

학생부 중심 전형이라고 하면 학생부 교과 성적(내신 성적)이 좋은 순서로 줄 세워 신입생을 선발하는 전형이라고 생각하기 쉽다. 그러나 점차 학생부 중심 전형이 자리를 잡아가게 되면서 전통적인 교과 중심의 반영 방식을 탈피해서 다양한 방식을 도입하고 있다.

상위권 대학일수록 학생부 중심 전형의 선발방식은 교과 성적 반영은 기본이고, 비교과 활동과 면접 평가를 종합하는 방식으로 변화하고 있다.

학생부를 평가하는 방식은 대학별, 전형별로 차이가 있다. 이를테면 단계별 전형을 실시해 1단계에서 학생부 교과 성적 위주로 면접 대상자를 선발한 다음 2단계에서 비교과영역 평가와 면접을 통해 최종합격자를 선발하는 대학이 있는가 하면 학생부 평가 내용을 기준으로 일부 최종합격자를 우선선발하고 나머지 인원에 대해 수능최저학력기준 적용 후 합격 여부를 결정하는 대학도 있다.

한편, 학생부를 조금 더 객관적으로 평가하기 위해 기타 서류 제출을 요구하기도 하고, 필요하다면 입학사정관이 직접 출신 고교를 방문해 실사를 진행하기도 한다. 특히 몇몇 상위권 대학에서는 학교장 추천서가 있어야만 학생부 중심 전형에 지원할 수 있다.

그러므로 학생부 중심 전형은 교과 성적만 우수하다고 해서 합격할 수 있는 전형이 아님을 명심해야 한다. 실제 학생부 중심 전형에서 합격, 불합격한 사례를 살펴보면 대학들이 학생부를 어떻게 활용해 신입생을 선발하는지 보다 명확하게 이해할 수 있을 것이다.

교과 성적만 우수하다고 합격이 보장되지 않는다

학생부 교과 1.3등급은 합격하고 1.15등급은 불합격한 사례

교과 성적이 학생부 중심 전형에서 절대적인 당락 요소가 아님을 확인할 수 있는 사례가 있다. 서강대 학교생활우수자전형에 응시한 수험생 가운데 교과 성적이 1.3등급인 학생과 1.15등급인 학생이 있었다.

교과 성적만으로 합격자를 선발하는 전형이라면 1.15등급인 학생이 합격하는 것이 당연하겠지만 결과는 정반대였다. 교과 성적 외에 비교과영역 활동 내용과 자기소개서, 면접 등을 종합적으로 평가해 선발하는 전형이었기 때문이다. 교과 성적이 상대적으로 낮았던 학생은 비교과 활동과 자기소개서, 면접 등에서 좋은 평가를 받은 반면 교과 성적이 높은 학생은 그렇지 못했기에 빚어진 결과였다.

연세대 학생부 중심 전형인 학교생활우수자트랙의 경우도 1단계에서는 교과 영역 점수만으로 모집정원의 3배수를 선발하기 때문에 교과 성적 우수자가 1단계까지는 통과할 가능성이 높다. 그러나 2단계에서 서류심사만으로 모집정원의 50%를 최종 합격자로 선발하고 3단계에서 모집정원의 나머지 50%를 면접구술시험 성적과 서류평가 성적을 합산해 선발한다. 따라서 교과 성적은 선발대상자에 포함되기 위한 기본 자격요건에 불과할 뿐 실질적인 당락은 서류와 면접에서 결정된다는 사실을 알 수 있다.

연세대학교 학생부 중심 전형인 학교생활우수자트랙 2013학년도 전형 평가요소 및 반영비율

선발단계	교과	서류	면접구술시험 (인성·확인면접)	비고
1단계	100%	–	–	· 교과영역 점수만으로 3배수 내외를 서류평가 대상자로 선정함
2단계	–	100%	–	· 서류평가 점수만으로 모집인원의 50% 내외를 합격자로 우선 선발함
3단계	–	70%	30%	· 면접구술시험 대상자에 한해 실시함 · 서류평가 점수와 면접구술시험 점수를 합산한 총점 순으로 최종합격자를 선발함 · 면접구술시험 대상자가 면접구술시험에 응하지 않을 경우 불합격 처리함

상위권 대학일수록 교과 성적을 수능최저학력기준과 같은 용도로 활용하면서 비교과영역, 서류, 면접 등으로 합격자를 변별하고 있으므로 교과 성적이 우수하다고 해서 무조건 학생부 중심 전형에 합격할 것을 확신해서는 안 된다.

전공 면접이 당락을 결정할 수도 있다

서울교육대학교 불합격 사례

서울교육대학교의 경우 수시모집 특정영역집중이수자전형에서는 특정 교과 성적을 중심으로 학생부를 평가한다.

4가지 특정 영역에서 각각 반영방식에 따라 해당 교과영역의 성적 중심으로 평가해 1단계 합격자를 선발한다. 그리고 2단계에서는 응시자가 제출한 자기소개서를 바탕으로 면접을 실시하는데 면접 질문 역시 비교과 활동에 대한 검증 내용보다는 교과와 직결된 전공 적합성을 묻는 문제다.

서울교육대학교 특정영역집중이수자 2012학년도 전형

반영 영역	이수단위 기준	반영 기간
국어·도덕·사회 관련 교과	국어·도덕·사회 관련 일반 및 심화 선택교과 40단위 이상 이수자	
외국어·국제 관련 교과	외국어·국제 관련 전문교과 60단위 이상 이수자	고교3학년 1학기까지 〈5개학기〉
수학·과학 관련 교과	수학·과학 관련 일반 및 심화 선택교과 40단위 이상 이수자 또는 수학·과학 전문교과 60단위 이상을 이수한 자	
예·체능 관련 교과	체육·음악·미술에 관한 전문교과 60단위 이상 이수자	

국어·도덕·사회 관련 교과에 지원한 한 수험생의 경우 학생부 성적이 1학년 1.88등급, 2학년 1.38등급, 3학년 1.25등급으로 최상위권이어서 1단계를 안정적으로 통과할 수 있었다. 그리고 면접고사에 응시하기 전 '초등국어 교육'에 관심이 있다는 내용으로 자기소개서를 작성해 제출했다. 이 자기소개서에 따라 면접관은 국어교과에 관련된 기초적인 질문을 했는데 그만 음운과 음성을 구분하는 방법을 묻는 질문에 제대로 답변하지 못해 탈락하고 말았다. 서울교대처럼 학생부의 특정 교과영역을 1차 선발기준으로 삼는 경우라면 전공할 교과 관련 지식과 적성을 중점적으로 평가하는 경향을 보인다. 또 이공계열 학과 면접에서는 수학, 과학 문제해결 능력을 평가한다. 이공계열 학과에서는 수학과 과학 관련 기초 소양이 겸비되지 못하면 대학 적응 자체가 불가능하기 때문에 이러한 면접은 전공 관련 교과 성적을 한 번 더 검증하는 절차라고 볼 수 있다. 그러므로 면접고사를 실시하는 학생부 중심 전형이라면 면접고사의 성격을 사전에 파악해 대비하는 것이 반드시 필요하다.

대학별 반영 방식이 전형 결과를 좌우한다

성균관대에 불합격하고 한양대에 합격한 사례

2012학년도 수시모집에서 한양대 학업우수자전형과 성균관대 학교생활우수자전형에 복수지원한 수험생이 있었다. 교과 성적이 1.17등급으로 상당히 우수했으므로 학생부 중심 전형에 유리한 경우였다. 복수지원한 두 학교 모두 지원학과는 경영학과였는데 결과적으로 성균관대에는 불합격하고 한양대에 합격했다.

이렇게 대학에 따라 당락이 엇갈린 이유는 대학별 선발 방식에 있었다. 성균관대는 교과 성적과 입학사정관의 서류 및 면접 심사, 수능최저학력기준을 종합적으로 평가해 합격자를 일괄 선발하는 방식이었다. 반면 단계별전형을 실시했던 한양대는 1단계에서 교과 성적으로 1차 합격자를 뽑고, 2단계에서 비교과영역과 입학사정관의 서류 및 심사, 수능최저학력기준을 적용해 최종 합격자를 가려냈다.

일괄합산 방식에서는 학업우수자를 대상으로 교과 성적과 입학사정관의 심사 결과를 한 번에 합산해 선발하기 때문에 다른 지원자들에 비해 교과 성적이 조금 불리하다 해도 비교과 내용에 따라 불리함을 극복할 여지가 생길 수 있다.

성균관대학교 성균인재(구 학교생활우수자)전형

2012학년도		2013학년도		
학생부(교과)	사정관 평가	구분	서류	학생부(교과)
70	30	우선선발 (50%)	100	– 수능최저학력기준 없음
		일반선발 (50%)	60	40 수능최저학력기준 적용

서류 : 학생부, 자기소개서, 추천서 등

한양대학교 학업우수자전형(의예과 제외)

	2012학년도		2013학년도	
1단계	학생부 교과 100%	1단계	학생부 교과 100%	
2단계	학생부 비교과 100% 수능최저기준 적용	2단계	우선선발 (50%)	사정관 종합평가 70% + 면접 30% 수능최저기준 미적용
			일반선발 (50%)	사정관 종합평가 70% + 면접 30% 수능최저기준 적용

면접고사 실시, 우선선발 실시, 입학사정관 전형

그러나 단계별전형에서는 교과 성적이 불리한 학생을 1차 탈락시킨 상태에서 입학사정관전형을 실시하므로 교과 성적이 우수한 학생일수록 합격 가능성이 높아진다. 사실상 비교과는 우선 고려 대상이 아니며 교과 성적이 당락을 결정하는 구조라고 볼 수 있는 것이다.

결국 이 학생의 경우 일괄합산 방식으로 전형을 실시하는 성균관대에서는 교과 성적이 큰 위력을 발휘하지 못한 반면 단계별전형을 실시하는 한양대에서는 교과 성적의 영향으로 합격할 수 있었던 셈이다. 이렇게 전형요소를 반영하는 방식에 따라서도 당락이 엇갈릴 수 있으므로 일괄합산 방식인지, 단계별전형인지 여부도 중요한 변수가 된다.

학생부전형에서 수능이 합격 기준이 될 수 있다

수능최저학력기준이 높아서 학생부의 영향력이 낮아진 사례

학생부 중심 전형은 교과 성적으로 응시자의 기초 학업능력을 평가한 후 비교과영역과 서류, 면접 등을 통해 최종 합격자를 선발하는 식으로 운영되는 것이 일반적이지만 대학에 따라 교과 성적이 자격 조건화되고 수능최저학력기준에 의해 합격이 결정되기도 한다.

수능 이후 원서 접수가 이루어지는 이화여대 학업능력우수자전형이 대표적인 사례인데 실제 이 전형에 큰 기대를 하지 않고 교육공학과에 응시한 학생은 오히려 합격했다.

이 학생은 외국어고등학교 출신이기 때문에 1단계를 교과 성적으로 변별하는 한양대 학업우수자전형에 응시했다면 불리한 상황이었다. 그러나 이화여대 학업능력우수자전형은 수능 성적에 따라 교과 단위수를 다르게 반영해 합격자를 선발하는 독특한 방식을 취했기 때문에 불리함을 극복할 수 있었다. 즉, 이 전형에서는 언어·수리·외국어·탐구영역 중 3영역 이상이 1등급인 학생들을 대상으로 국어 수학 외국어 사회 과학 교과 중 우수한 과목만 15단위를 반영해 합격자를 선발했다. 혹 응시자들 중 이러한 수능 성적을 만족하는 학생이 없을 경우 2영역 이상이 1등급이면서 나머지 영역이 2등급 이내라는 조건을 만족시킨다면 역시 우수한 과목만 15단위를 뽑아내어 같은 방법으로 합격 여부를 가려는 방식도 병행했다. 그 결과 전체 평균등급 4.57등급이

이화여자대학교 학업능력우수자전형

단계	전형방법	학교생활기록부 지정교과영역 반영 단위		선발 비율
		2012학년도	2013학년도	
1단계	대학수학능력시험 최저학력기준 지정영역 중 3개 영역 이상 1등급이거나, 2개 영역 이상 1등급이면서 나머지 영역이 2등급 이내인 지원자를 대상으로 모집단위별 입시총점 순으로 우선 선발	상위 15단위	상위 10단위	40%
2단계	1단계 선발자를 제외하고 대학수학능력시험 최저학력기준 지정영역 중 2개 영역 이상 1등급인 지원자를 대상으로 모집단위별 전형총점 순으로 선발	상위 45단위	상위 30단위	30%
3단계	1단계와 2단계 선발자를 제외한 나머지 지원자를 대상으로 전형총점 순으로 선발	교과영역별 상위25단위	상위 60단위	30%

었던 이 학생은 상위 15단위의 교과 성적만 반영되어 1.4등급으로 재평가되었고, 수능 자격조건을 만족시켜 최종합격하였다.

반면 수능최저학력기준이 이 조건에 부합하지 못해 상위 15단위 학생부 교과가 모두 1등급임에도 불구하고 많은 학생이 불합격하기도 했다. 이렇게 높은 수준의 최저학력기준 적용으로 인해 실제로는 명목상 학생부전형이지만 실질적으로는 수능 전형이 된 셈이다.

결국 이화여대 학업능력우수자전형의 1단계(우선선발) 합격은 학생부 교과 성적 보다는 수능최저기준의 충족 여부에 좌우된다고 할 수 있다. 그러므로 학생부 중심 전형이라도 교과 성적과 수능최저학력기준을 어떻게 적용하는지를 반드시 확인해야 한다.

수시모집 특별전형_ 외국어 특기자 전형

수시모집 특별전형에는 학생부 외국어교과 성적을 토대로 공인 외국어 성적을 비롯한 제반 서류 등을 평가해 선발하는 방식과 면접을 통해 선발하는 방식이 있다.

외국어 특기자 전형으로는 고려대학교의 국제특별전형, 서강대학교 알바트로스인재전형, 성균관대학교 특기자전형, 한양대학교 글로벌한양, 이화여자대학교 이화글로벌인재전형 등이 대표적이다. 외국어 특기자 전형이 실시되던 초창기에는 단순히 공인 외국어 성적순으로 줄을 세워 합격 여부를 가려내기도 했다. 이에 학생들은 성적을 1점이라도 더 올리기 위해 공인 외국어 시험에 치중하는 부작용을 낳았다. 이러한 소모적인 응시를 막기 위해 최근에는 일정 수준 이상의 외국어 성적 요건을 충족만하면 영어 또는 해당 언어의 면접 및 에세이 테스트 등을 거쳐 학생을 선발하는 것으로 바뀌었다. 이렇게 외국어 특기자 전형은 공인 외국어 성적을 소지하고 해당 언어 면접이나 에세이 작성이 가능한지가 전제되어야 하는 전형이므로 응시자의 자격이 상당히 제한적인 것이 특징이다.

주요 대학 외국어 특기자 전형 정리

대학교	2012학년도		2013학년도		수능최저학력기준
	전형	전형요소	전형	전형요소	
연세대학교	글로벌리더	서류+논술	폐지		언수(가/나)외탐(사/과) 영역 2등급(탐구 평균)
	UIC/ASP/TAP	서류+영어면접	UIC/ASP/TAP	서류+영어면접	해당 없음
고려대학교	국제1	서류+면접	국제	서류+면접 (국제학부는 영어면접)	해당 없음
	국제2-1	서류+ 해당 언어 면접			
	국제2-2	서류+영어면접			
서강대학교	알바트로스	서류+ 해당 언어 에세이	알바트로스	서류+ 해당 언어 에세이	해당 없음
성균관대학교	특기자	서류	특기자	서류	해당 없음
한양대학교	글로벌한양	서류+논술	글로벌한양	서류+논술	해당 없음
	재능우수자 국제학부	서류+심층면접	재능우수자 국제화	서류+ 영어 에세이	해당 없음
이화여자 대학교	이화 글로벌리더	서류+면접	이화 글로벌인재	서류+면접	인문: 언수(가/나) 외탐(사/과) 2영역 2등급(탐구 평균)
중앙대학교	글로벌리더 유형1	서류+영어면접	글로벌리더 유형1	영어 에세이	해당 없음
	글로벌리더 유형2	서류+ 해당언어 면접	글로벌리더 유형2	영어 에세이+ 학생부	인문: 언수(가/나) 외탐(사/과) 2영역 2등급(탐구 평균)
	글로벌리더 유형3	서류			

외국어 특기자 전형에도 논술 실력이 합격을 결정할 수 있다

공인 외국어 성적이 부족했지만 합격한 사례

2013학년도에 폐지된 연세대 글로벌리더트랙은 논술시험을 치르는 전형이었다. 연세대 글로벌리더트랙은 공인 외국어 성적이 없을 경우 학생부 교과 성적과 비교과활동, 추천서, 자기소개서를 제출하면 논술 성적과 합산해 합격자를 선발했기 때문에 학생부상의 외국어 성적을 비롯해 전 교과 성적이 우수하다면 지원해볼 수 있는 전형이었다. 2012학년도에 이 전형에 합격한 학생의 경우, 외국어 및 외국어 관련 교과 32단위의 성적이 평균 1.6등급이었다. 공인 외국어 시험을 본 적이 없어 '자격 및 인증 취득상황'에 기재할 공인 외국어 성적이 없었지만 논술시험을 잘 치른 결과 합격할 수 있었다.

한양대학교 글로벌한양 2013학년도 전형 중에서

1. **지원 자격** : 아래 자격요건 중 하나를 충족하는 자로서 본교가 지정한 해당 언어별 공인어학성적 기준 성적 이상 소유자

① 국내 정규 고교 2011년 2월 이후 졸업(예정)자로서 외국어에 관한 전문 교과 또는 국제에 관한 전문 교과를 15단위 이상 이수한 자

② 국내 정규 고교 2011년 2월 이후 졸업(예정)자로서 아래 모집단위별 학생부 교과 성적 기준 충족자

모집단위 계열, 대학	반영 교과	반영 과목	반영 과목 등급평균
자연	수학, 과학	각 반영 교과별 상위 3개 과목 (총 6개 과목)	3등급 이내 (단순 등급 평균)
인문, 체육대학	국어, 영어		
상경	영어, 수학		

2. **공인 어학성적 기준**

언어	기준성적
영어	TOEFLE(IBT) 100점 또는 TEPS 800점
중국어	구 중국한어수평고시(HSK) 9급 이상 또는 신 중국한어수평고시(신HSK) 6급
일본어	일본어능력시험(JLPT) 또는 신 일본어능력시험(신JLPT) N1급
독일어	ZD, ZMP 또는 TestDAF 취득자

3. **전형방법**

구분	공인어학성적	논술고사	수능최저학력기준
일괄사정	50%	50%	없음

논술시험에 응시해야 하는 또 다른 외국어 특기자 전형이 한양대 글로벌한양 전형이다. 이 전형은 별도의 서류 없이 공인 외국어 성적표만 제출하면 되므로 상대적으로 부담이 적은 장점이 있다. 그러나 글로벌한양전형 역시 최종 합격은 논술시험에서 결정되므로 가장 중요한 것은 논술 실력이다.

연세대와 한양대 외국어 특기자 논술시험은 한국어로 출제되었기 때문에 공인 외국어 성적이 일정 기준 이상 되고 논술 실력에 자신이 있다면 누구나 응시할 수 있는 전형이었다. 2013학년도에도 일정 수준의 공인 외국어 성적이 있다면 한양대 글로벌한양전형에는 응시가 가능하며 이 경우 수능최저학력 기준은 적용되지 않는다.

실질적인 외국어 구사 능력은 전공어 에세이로 평가한다

서강대 알바트로스(인문사회계열) 전형에 합격한 사례

외국어 특기자 전형 가운데는 공인 외국어 성적표를 보유한 응시자를 대상으로 외국어 에세이 시험을 치르는 전형도 있다. 문제는 영어로 출제되지만 답변은 응시자가 지원한 전공 언어로 서술해야 하므로 논술 실력과 더불어 해당 언어 표현 능력이 반드시 필요한 전형이다.

서강대 알바트로스 인재전형(인문사회계열)도 이 유형에 해당한다. 1단계에서 지원한 해당 언어 에세이 성적 100%로 1차 합격자를 선발한 후 2단계에서는 에세이 성적 80%와 서류(학생부와 자기소개서) 20%를 평가하므로 1단계 에세이 성적이 좋다면 무난히 최종 합격하는 양상을 보인다. 독일에서 태어나 초등학교까지 독일에서 마친 한 수험생은 2012학년도 EU문화계 독일어문화 모집전공에 응시한 결과 서강대 알바트로스 인재전형에 최종적으로 합격했다.

서강대학교 알바트로스 인재(인문사회계열) 2013학년도 전형 중에서

1. 지원자격

국내외 정규 고등학교 2011년 3월 이후 졸업(예정)자 또는 법령에 의하여 이와 동등 이상의 학력이 있다고 인정된 자로서 모집단위별로 요구되는 제1언어 기준 공인 외국어 일정 이상 성적 취득자(검정고시 합격자는 2011년 1차(4월) 이후부터 지원 가능함)

공인 외국어 성적으로는 ZD B2를 취득하고 모국어 수준으로 사용하던 독일어 실력을 바탕으로 에세이 시험을 무난히 통과한 것이다.

이렇게 특정 외국어로 논술시험을 치를 능력이 되고 공인 외국어 성적도 일정 기준 이상이 된다면 에세이 시험을 치르는 외국어 특기자 전형이 유리하다. 외국어 교과 성적과 공인 외국어 성적의 유무만으로 응시자격을 제한할 때보다 에세이 작성 여부까지 지원 자격에 포함하면 응시자가 제한되므로 합격 가능성이 상대적으로 높아지기 때문이다. 대개 1단계에서 에세이 시험을 잘 치르면 최종 합격의 가능성이 매우 높은 전형이라고 할 수 있다.

외국어 특기자 전형이지만 면접이 당락을 좌우한다

외국어 특기자 전형에 제시문을 주고 면접을 실시하는 사례

외국어 특기자 전형에서도 면접이 당락을 좌우하는 전형이 있다. 아무리 외국어에 특기가 있는 응시자들을 대상으로 선발하는 전형이라도 전공에 대한 적성과 기본적인 학업능력을 간과할 수는 없기 때문이다.

논술시험을 실시하지 않는 외국어 특기자 전형은 면접으로 응시자의 적성과 학업능력을 평가하는 경우가 많다. 고려대 국제전형이 대표적이다. 특히 고려대 국제전형은 공인 외국어 성적을 기준으로 선발한 1차 합격자들을 대상으로 독특한 면접시험을 치른다. 주어진 제시문을 정확하게 읽고 면접에 응하는 방식인데 한마디로 이해력과 사고력을 종합적으로 평가하기 위한 시험이라고 할 수 있다.

고려대 국제전형에 지원하는 응시자 대부분이 IBT 110 이상 수준의 공인외국어 성적을 보유한 외국어고등학교와 자립형사립고등학교 출신이기 때문에 1차 선발과정을 통과한 학생들의 외국어 실력은 대개 비슷하다. 따라서 최종 합격자는 면접에서 당락이 결정되게 마련이므로 평소 논리적인 사고를 토대로 답변하는 훈련을 하는 것이 합격 가능성을 높이는 방법이 된다.

고려대학교 국제1전형 실제 면접 내용(수험생 면접후기 발췌)

스톱워치(Stop watch) 로 6분 재며 시작함.

(1) 제시문

(제2차 세계대전 이야기) 강대국의 식민지 다툼 등의 영향으로 2차 세계대전이 발발했다. 2차 세계대전 이전에는 국제연맹(League of nation)이 있었고, 2차 세계 대전 후에는 국제연합(United Nation)이 생겨났다. 현재 유럽의 그리스, 이탈리아 국가부도 우려문제 등 세계 경제 위기가 계속 진행되고 있다. (미국발 경제위기, 신용등급 강등, 유럽경제위기 등등)

(2) 질문

① 국제연합과 국제연맹의 차이
② 현재 진행되고 있는 세계 경제 위기로 인하여 제3차 세계대전의 발발 가능성 여부
③ UN의 문제점은 무엇인가? 해결하려면 어떻게 해야 하는가?
④ 2차 세계대전 이전에 국제연합이 있었다면 2차 세계대전의 발발을 막을 수 있었겠는가?

수시모집 입학사정관 전형_ 포스텍 합격 사례

포항공과대학교(이하 포스텍)는 2010학년도부터 정시모집을 폐지하는 대신, 모집인원 전원을 입학사정관제 전형으로 선발하고 있다. 대학수학능력시험은 전형요소로 사용하지 않고, 학생부, 자기소개서, 추천서, 증빙서류, 면접평가 결과 등 단계별 전형을 통해 학생을 선발한다.

1단계 전형은 서류평가로 지원자가 제출한 모든 서류를 종합적으로 평가하는데, 그 중 학업능력은 국어, 영어, 수학, 과학 교과를 중심으로 평가한다. 입학사정관들로 구성된 입학위원회에서 다단계로 심의해 학과별 모집인원의 3배수 내외로 1단계 합격자를 선발한다.

2단계 전형은 면접평가로서 1단계 합격자를 대상으로 잠재력평가와 심층면접을 실시한다. 잠재력 평가는 학문에 대한 열정, 학업 태도, 대학 공동체 기여 의지, 커뮤니케이션 능력, 리더십, 도전정신, 창의성, 인성 등을 종합적으로 평가한다. 심층면접은 수학과 과학을 평가하는데 두 과목 모두 A형과 B형으로 나뉘며 1단계 합격자 발표 시 학업능력이 검증되었다고 생각되는 지원자는 A형을, 그렇지 않다면 B형을 받게 된다. 수학 심층면접의 범위는 수학I,

수학II, 적분과 통계, 기하와 벡터를 포함한 고등학교 교육과정 범위 내이며, 과학 심층면접은 물리, 화학, 생물 중에 1가지를 선택하는 것인데 범위는 물리II, 화학II, 생물II를 포함한 고등학교 교육과정 전 범위다. 2단계의 잠재력 평가와 심층면접 결과를 종합적으로 검토해 최종 합격, 후보, 불합격으로 판정한다.

합격자를 통해 본 포스텍 진학의 열쇠는 첫째 학교생활 충실도, 둘째 성적 상승 추이와 수학·과학 성적의 우수성, 셋째 잠재력 평가면접이다. 일반고 출신자로서 위 세 요소에 장점이 있다면 지원해 좋은 결과를 얻을 수 있다.

일반고 출신의 사례 학생의 경우, 전반적으로 우수한 학생부 교과 점수를 보유하고 있었으며, 특히 3학년 1학기까지 학생부 수학·과학 교과 평균 등급이 약 1.2등급이었다. 게다가 잠재력 평가 항목인 학문에 대한 열정, 학업 태도 및 공동체 정신 등을 골고루 부각할 만한 학생부 내용이 있었다. 그래서 자기소개서에 고등학교 시절 수학 문제풀이 동아리를 운영했고, 교육청에서 심화 수학과정을 이수하던 중 우수상을 수상한 점 등을 적극적으로 소개했다. 결국 평소 지원 분야에 꾸준한 관심과 우수성이 인정되어 1단계에 합격했다.

2단계는 심층면접과 잠재력 평가면접이었다. 잠재력 평가면접은 학생이 지원 분야에 대한 실적과 성과가 일관되고 충분했기 때문에 결과를 낙관할 수 있었다. 시험 당일, 실제로 잠재력 평가면접장의 분위기는 화기애애했다고 한다. 사례 학생의 경우, 포스텍에서 고교생을 대상으로 하는 모든 프로그램(카운슬링, 이공계대탐험, 수학경시대회 등)을 참여했던 것이 좋은 인상을 주었다고 한다. 또한 한 입학사정관은 "왜 장래희망이 의사였다가 바뀌었지?"라고 묻기도 했는데, 이에 대해 학생이 성실하게 답변도 했지만, 학교 담임선생님이 '포스텍 이공계대탐험을 통해 기초과학 분야의 열정이 커졌다'고 기록해주서서 더 참작이 되었다는 후문이다.

마지막 관문이 심층면접이었다. 심층면접 A형은 심화된 문제 1문제로 7분 동안의 준비 시간을 주고 교수님 앞에서 7분 동안 문제를 푼다. B형은 A형 문제 1개와 고등학교 교과과정을 충실히 이해했다면 풀 수 있는 2문제로 이루어져 있는데 20분의 준비 시간을 주고, 교수님 앞에서 20분 동안 문제를 푼다. 사례 학생은 B형 심층면접 대상자였다.

사례학생의 학생부 정리(3학년 1학기까지)

항목	내용
교과	전과목 1.4등급 (수학과학 교과평균 1.2등급)
수상실적(교내)	교과우등상(학기별)–5회 수상 교내 수학경시대회–최우수상(1학년) 교내 영어수학경시대회–우수상 교내 독서논술대회–동상 교내 수학경시대회–우수상(2학년) 교내 과학경시대회–금상 교내 실용영어경시대회–동상
수상실적(교외)	표창장–해양수련원 고급수학 성적우수상–교육청 주관
진로지도	치과의사, 수학교사, 연구원(진로가 변경된 사유는 특기사항에 명시함)
특별활동	자치활동 1학년: 학급반장 계발활동 1학년: 수학사랑반 부장 2학년: 수학창의 동아리 회장 3학년: 수학창의 동아리 회장
봉사	총 136시간
교외활동	한국여성과학기술 단체총연합회 실험참여 서울대학교 자연과학대학 공개강연 참석 포항공과대학교 '이공계 학과 대탐험' 행사 참여 교육청 주관 고급수학 심화과정 이수 과학기술원 수강 및 체험
독서	'수학은 아름다워', '뇌내혁명', '페르마가 들려주는 핵분열, 핵융합 이야기', '하리하라의 생물학카페', '페르마의 마지막 정리', '불량의학', '세상밖으로 날아간 수학', '수학 교과서, 영화에 딴지 걸다', '0의 발견' 등 수학, 과학 관련 다수서적 섭렵함.

심층면접을 보면서 어려운 부분에 대해는 교수님에게 적극적으로 힌트를 물어가며 풀어갔다고 한다. 이 과정에서 학생의 여유로움과 자신감에 사정관이나 교수님들이 파안대소하기도 했다고 한다. 잠재력 평가면접과 심층면접을 무난히 마친 이 학생은 결국 본인이 그토록 원하던 포스텍에 진학하게 되었다. 나중에 학생은 서울대 특기자전형에도 복수합격했으나 본인의 의사와 적성을 고려해 서울대는 포기했다.

사례 학생의 자기소개서

1. 자신의 관심분야 및 앞으로의 진로계획(예: 20년 후 자신의 모습)이 무엇인지, 이를 위해 고교시절에 어떠한 노력을 해왔는지 구체적으로 기술하시오. (띄어쓰기 포함, 1000자 이내 작성)

생물2에서 형질 발현 조절 분야를 배우던 중 사람과 같은 진행생물의 경우 다양하고 복잡한 방식을 통해 유전자가 조절되는 과정이 아직은 명확히 규명되지 않았다는 사실을 알게 되었습니다. 유전자 이상으로 발생하는 복잡한 질병의 원인을 유전자 차원에서 찾게 되면 밝혀지지 않을까 하는 생각을 하여 그 분야에 관심을 갖게 되었고 관련분야에 대해 진로탐색을 하던 중 무궁무진한 생명과학 분야에 매력을 느끼게 되었습니다. 앞으로 저는 치료 백신 및 치료 물질을 개발하는 분자 의과학 분야의 연구원이 되어 질병의 극복만이 삶의 질 향상을 위한 토대가 될 수 있다는 사실을 입증하고 싶습니다. 아울러 학업을 지속해 교수가 되고자 하는 목표도 갖고 있습니다. 어렸을 때부터 지금까지 〈WHY〉나 〈과학동아〉, 〈과학콘서트〉, 〈조선과학인물열전〉 등 과학 분야의 꾸준한 독서활동을 해왔으며 가장 먼저 학업에 충실하자는 계획하에 철저한 내신관리로 수학·과학 과목에서 거의 1등급을 유지하여 일반계 고등학생이 쉽게 접할 수 없는 깊이 있는 실험이나 경시 대회 등에 참여하지 못한 약점을 극복하고자 노력했습니다. 또한 2학년 때 과학에 수학적 사고를 접목하는 것이 효율적이라 생각되어 제 주도하에 'ㅇㅇㅇ'라는 수학창의 동아리를 만들게 되었고 회장을 맡게 되었습니다. 이 활동은 구성원들과 열띤 토론을 하며 프레젠테이션 제작과정을 통해 토의 능력 및 체계화되고 분석적인 사고를 계발하고 문제해결력에 많을 도움을 주었습니다. 또 교내 과학경시대회 및 수학경시대회에서 최우수상을 받는 등 여러 차례 입상하였으며 IMC

와 KMC수학경시대회에서도 자격인증을 받았습니다. 그 결과 교육청에 우수학생으로 선발되어 깊이 있는 고급 수학을 배우게 되었을 때도 1등을 함으로 자신감이 배가되었습니다. 교내 독서 논술대회에서도 입상하였는데, 이는 절름발이처럼 한쪽으로 치우치지 않는 저의 능력을 입증하는 것으로 생각됩니다. 아울러 한국여성과학기술단체 총연합회와 서울대학교 , 광주 과학기술원에서 주관하는 강연을 듣는 등 다양한 교외체험활동도 했습니다.

2. 포항공과대학교를 선택한 이유 및 앞으로 4년간 포항공과대학교에서 하고 싶은 것이 무엇인지 기술하시오. (띄어쓰기 포함, 1000자 이내 작성)

포항공과대학교는 학생 개개인의 잠재력을 키워줄 수 있는 역량 있는 학교로 〈더 타임즈〉의 세계 대학 평가 종합 28위에 선정되었다는 기사를 보고 포스텍에 진학하겠다는 저의 목표가 긍지가 되었습니다. 그전부터 잠재력 개발과정(비록 어려운 학생에 대한 참여가 우선이어서 탈락하긴 했습니다.)과 이공계학과 대탐험, 수학경시대회, 입시 카운슬링 등 고등학생이 거칠 수 있는 모든 활동에 참여한 저는 이미 포스텍 학생이 된 것 처럼 뿌듯하였습니다. 〈포스테키안〉 소식지를 정기적으로 구독하던 중 일반계 학생이 질문한 것 중에 과학고생 보다 뒤처질 것을 상담한 내용을 보게 되었는데 SMP든지 Remidial Course를 마련하여 의지만 있다면 충분한 교육을 받을 수 있는 기회가 있다는 것을 알게 되었고 저 역시 가장 우려하던 것에 대한 명쾌한 설명으로 자신감을 얻을 수 있게 되었습니다. 앞으로 포스텍에 진학한다면 제일 먼저 학부생 연구 프로그램으로 분자의과학과 관련된 연구를 미리해보는 시간을 가질 것입니다. 그 일은 앞으로 연구원이 되기 위한 토대가 될 것을 확신합니다. 또한 합창단 또는 운동과 관련된 동아리에 가입하여 정신과 육체가 모두 건강한 사람이 되고자 하며 선후배 간의 유다를 강화해나가 정서적 안정을 꾀할 것입니다. 또 고등학교 때부터 해온 교육봉사활동을 과학봉사활동으로 확대시킬 것이며, 학생 사정관 체험도 해볼 생각입니다. 생명과학포럼 같은 국제회의 및 해외 청소년 교류활동에도 참가하여 세상을 보는 넓은 안목을 기를 것입니다. 또 백신 개발로 명성을 떨치고 있는 옥스퍼드대나 기타 여러 대학에 교환학생이 되어 선진화된 과학과 문화를 체험하고자 하는 계획도 있습니다. 또한 직장인턴 체험 프로그램도 경험할 것입니다. 7년 안에 박사과정까지 딸 수 있는 있는 압축 성장을 계획한 포스텍의 여러 활동을 빠짐없이 경험하여 글로벌 시대에 세상과 소통하며 나눌 줄 아는 A자형 인간 즉 전문적 지식과 커뮤니케이션 능력을 갖춘 CONVERGENCE시대에 꼭 필요한 가교 역할을 할 수 있는 인물이 될 것입니다.

찾아보기